The Door Has Been Opened

西園寺昌美

ドアは開かれた

一人一人の意識改革

白光出版

ドアは開かれた

——一人一人の意識改革

目次

The Door Has Been Opened

ブックデザイン・山下　正浩
本文写真・山際八代美

第一章

地球再生へのシナリオ

（二〇〇五年　一月）

The Door Has Been Opened

昨年（二〇〇四年）は地球大浄化の年となった。世界中の至るところで大洪水、大地震、火山噴火、大雨、干ばつといった天変地異が起こり、惨事を招いた。それは、日本においても然《しか》りである。その上、世界各地では、依然として戦争、テロ、内戦などが繰り広げられていた。

だが、それでも地球大浄化は、最小限に食い止められたのである。本来ならば、人類の三分の二が大惨事に巻き込まれるところであった。

今回の大浄化は、まさに起こるべくして起こった「大難が小難」の現象だったのである。

それらを最小限に食い止めたのは、世界中の人々の祈りであり、そして神人[注1]および神人予備群たちの世界平和の祈り[注2]、印[注3]、マンダラ[注4]である。世界中に存在する祈りのメンバーは、自らの大天命に従って一斉に一つの目的、一方向、一点に集中し、祈りを捧げつづけたのである。彼らが集中的に祈る時、一筋の光が次第に光の雨となり、世界各国各地の汚染し尽くされた大地に、空気に、水に降り注いでいった。そして、地球全体に、神の癒しが与えられたのである。

本来ならば、人類一人一人は、あくなき欲望達成の当然の報いとして、地球崩壊、地球滅亡、地球大惨事という暗黒のシナリオを受け取らねばならないはずであった。だが、人々の祈りによって、それらは見事に防がれたのである。水や空気、大地の汚染は浄められ、圧縮され偏ったエネルギーが分散、調和され、地震、噴火、大洪水、また神域を汚す誤った発明、発見に歯止めがかけられ、新たな疫病が浄められ、それらにより、地球の崩壊は無事食い止められた。ここに改めて、お一人お一人に感謝申し上げたい。

いよいよ世界人類が真理を理解し始める

さて、我々にとっていよいよ待ちに待った輝かしいことが現実に引き起こされる。ついに絶対なる真理が、世界人類に向けて強く放たれる瞬間を迎えるのである。その時、人類一人一人は、地球上のすべての場が神の息吹によって強く一つに結ばれていることを実感するのである。

人類一人一人の意志や思考がどうであれ、神の息吹はそのすべてを包み込む。あらゆる人々も物も……すべてを一つに結んだ巨大な力を持つ光の場が、この地球を取り巻いているのである。

そこには一切の対立はない。差別もない。すべては一つに結ばれ、繋がっていることを知らされるのみである。絶対なる真理の前には、偶然の出来事も個人の思惑も、そして意志すらも存在しないのだ。

すべては、途方もない巨大な光の流れの中に組み込まれているのである。誰一

第１章
地球再生へのシナリオ

人として例外なく、神の至福と法悦の中に存在していることを、人類一人一人は理解し始めるのである。

そして、自らの自由意志というものが、すべて神に直結した、神そのものの意志であり、神そのものの言葉であることに気づいてゆくのである。そこには、一切のネガティブはない。存在しないのだ。ネガティブとは、人類の誤った想念が創り出した幻覚、幻想であり、実在してはいないことを知るのだ。

すべてが光り輝く存在そのものなのである。絶対なる真理を前にして、人類の本質と呼べるものは神性、霊性のみなのである。その真実が人類一人一人の心の琴線に触れ、いよいよ人類一人一人は真理に目覚め始める。そのような輝かしい時に至ったのである。

自らの聖なる心、神性、霊性が目覚めることにより人類一人一人の固く閉ざされた心の中にも真理が蘇り、人々は真理に目覚めてゆくのである。

そして、人類一人一人は決して離れて存在しているのではなく、お互いに魂の世界で、心の世界で、あらゆるものと結びついていることを知るに至るのである。

自由意志を神の法則につなげる

今日までの人類の生き方は、本当に誤っていたのである。私利私欲にまみれた利己的な生き方が蔓延し、人を蹴落としてまでも自己の欲望を達成しようという風潮が、当然のようにまかり通っていた。世界各国のリーダーたちは民衆を破壊と滅亡の道に導き、民衆は民衆で、未だ真理に無知のままである。それ故に、相乗効果現象が起こっていたのである。

人類は、〝世界はどこか間違っている〟〝おかしい〟〝変だ〟〝納得できない〟〝真実ではない〟などと疑問を呈し、現状を批判する能力は持っていても、それに対して真の答えを見出し、実行に移す人はわずかであった。

人類一人一人は今こそ、自らの手で真理に沿った思考、行動を打ち出さなければならない。いつまでも他に依存し、他に追従していては、自らの人生も、国の将来も、人類の未来も不安定なままである。

人類一人一人は、その自由意志を物質の有無や利害損得と結びつけてはならないのである。聖なる心や神性、霊性を通して、神の法則と結びつけなければ本物ではない。絶対なる神の法則と直結し、呼応することによって初めて人類一人一人は自らの運命を切り開いてゆけるようになるのである。

そのような崇高な生き方をすることにより、個々の運命は、混乱と不調和をきたす国や社会から脱皮してゆくのである。そして、人類一人一人の手によって生み出された秩序に基づき、国や社会を平和に導くことが可能となるのである。

人類は、決して真理に無知であってはならないのである。真理に対しての無知こそが、今日の世界を破壊的状況へと導いているのである。いかに知識や情報を修めても、真理に対して全く無知であるならば、自分自身はおろか、社会や国家は破滅への道をまっしぐらに突き進んでゆくのみである。

人類は、自分と絶対なる真理との関係を断ち切ったとしても、生きてゆくことは出来る。だが、その生き方は私利私欲、傲慢、対立、差別、闘争、権力思考に偏った、自己中心的、物質偏重的なものとなり、必ずいつか、自己破滅の道へと転がり落ちてゆく運命にあるのである。このように、世界を構成する人類一人一人が真理との関係を断って生きるならば、人類の未来には、闘争、紛争、飢餓、病気、貧困、テロといった闇の世界が待ち受けているのは当然である。

人類は決して、真理に無関心であってはならないのである。人類の心が真理に対して無関心であるからこそ、地球の歴史に終止符が打たれてゆくのである。この無関心こそが最大の原因なのである。

一人一人の自由意志が生み出した二元対立

しかし、人類が無知、無関心であるからといって、他の誰も、神でさえも、それを矯正する権利を持ってはいない。あくまでも人類一人一人の自由なる心、自由なる選択、自由なる決断に委ねられているのである。その人が幸せで善き人生を辿るのも、不幸で悪に満ちた人生を辿るのも、すべてはその人自身の自由なる心の選択、決定で行なわれるのである。

この自由なる心の選択こそが人間にとって尊いのである。しかし、仮に人類一人一人が、この自由というものをはき違えて使ったならば、世界はどうなるのであろうか……。これは今さら書くまでもないことであろう。

二十世紀の物質文明と科学の発達。これこそが宇宙神[注5]より人類に与えられた自由なる心を無知なる方向に使った結果であり、これらの発達の陰では地球破滅へのシナリオが着々と作られていたのである。

今の世界状況に対する答えは、人類一人一人の心の中に存在しているのであるし、人類一人一人がその打開の鍵を握っているとも言えるのである。

人類一人一人が一刻も早く真理に目覚めてこそ、世界平和は樹立されるのである。それ以外に何も方法はない。世界が、そして人類一人一人が平和に、幸せになるためには、人類一人一人の真理の探求こそが不可欠なるものである。

人類の心が互いに分裂し、競争し、対立し合う世界に真実の平和は来ない。調和がすべての基《もとい》である。なぜならば、この宇宙に存在するすべてのものは「一」なる宇宙神より生まれた一つのものだからである。生きとし生けるもの、そのすべて一切は、この「一」なるものより生まれ、またいつの日か、そこに還ってゆくのである。

調和こそ、この宇宙を司る法則そのものなのである。そして、人類一人一人は、この「一」なるものの光の一筋なのである。

この「一」なるものは、真理そのものであり、光そのものであり、神そのものなのである。それなのに、この真理に無知、無関心であるとは、自らの人生を見失った哀れで愚かなる人々としか言いようがない。

そして、真理に無知、無関心であるがゆえに、自らの自由なる心を対立、差別へと駆り立てていったのである。人類はみな、自らに内在せし想念の力と自らの自由意志による選択にまかせて、二元対立を創造しているのである。

自らの自由意志によって、あなたは何を選択するのであろうか。真理を選択するか否か、善を選択するか否か、霊性・神性を選択するか否か、平和を選択するか否か、光明思想[注6]を選択するか否か、健康を選択するか否か……。だが、人類の多くは真理を選択せず、利己愛に基づく私利私欲の選択をしつづけているのである。

そして、人類一人一人は、真理よりかけ離れた自由意志に基づき、その低次元意識のままに、次々と新しい対立を生み出していったのである。神と人類との対立、神性・霊性と物性との対立、善と悪との対立、生と死との対立、天国と地獄との対立、光と闇との対立、健康と病気との対立、平和と戦争との対立、富と貧との対立……。このようにして、人類はあくなき欲望に駆り立てられ、数えきれないほどの対立を今生に生じせしめた。

だが、絶対なる真理においては、いかなる対立もない。何一つ存在しないのである。ミクロ―マクロも、個―全体も、静―動も、生―死も、神性―魔性も本来ないのである。

そもそも、この宇宙に悪なるものなど存在しないのである。悪とは、限りなく限りなく、果てしなく低い善の現われであり、真理からほど遠く、完全なる光を体験していない心の中の影なのである。

従って、すべての対立は、人類一人一人の心の中にのみ存在しているものなのである。現実とは心の反映であるから、人類の心の中の対立も、次第に現実のものとなった。だが、それは幻想、錯覚であって、真実ではない。現象そのものも誤っている。

すべては「一」なるものであり、分離、分裂しているものではない。宇宙神と全く一つに結ばれ、一つに融け合っている光そのものである。叡智そのものであり、神そのものでもある。これこそが絶対なる真理、法則である。

いかなるものも人類の魂を神から引き離すことは出来ないのである。人類を生かしつづけているのは、神そのもの、光そのものなのである。二元対立こそ真実などと言っている人たちは、本来の目的である真理探求を忘れ果てた、未だに修行中の神である。

創造主と創造物は一つのものであり、そして我々人間は、創造主そのものの光の一筋である。その光の器である肉体に神そのものを自己実現してゆくことこそ、我々肉体人間に与えられているミッションなのである。

そして、そのすべては、心の力によって成し遂げられてゆくのである。

心の力を使いこなすには

人間の心には、果たしてどれほどの力が秘められているのだろうか。

それは実に、信じられないほど大きな力である。誰一人の例外もなく、人類一人一人の心の中に途方もない力が秘められているのである。自らの末期ガンを抑制したり、完全に治癒させたり、あるいは他人を自分の思うようにコントロールしたり、かつまた、遠隔透視力や超能力さえも、人類の心に内在しているのである。それは現在の常識では絶対に計り知れない力である。この人間の持つ心の力こそが神秘そのものであり、未だ科学で解明され得ない領域のものである。

誰もが平等に持っている心。心には、自分でも計り知れない力がある。しかし、そのような心でも、自分の思う通り、自由自在に操ることが出来るものである。

心はパワーであり、エネルギーである。心一つで自分を生かしもすれば、殺すことさえ可能である。病気を引き伸ばすことも、即治すことも自由自在なのである。奇跡を起こすことも、偉大なる発明発見をすることも、この同じ心なのである。この心の力は、無限である。

なぜならば、我々人間は、宇宙神と全く一つにつながっているからである。創造主に似せて創られし創造者だからである。

この神より人類一人一人に与えられし心を制限したのは、他でもない自分自身なのである。自分そのものなのである。

自らの自由意志により、自分が何を信じ、何を選択するかによって、すべては決まってゆく。心は主人の選択意志に従って、忠実にその力を発揮してゆくのである。その主人が自らの無限なる能力を信じようとせず、常識に基づいた選択をするならば、心はその常識の範囲内でしか力を発揮せざるを得ないのである。本来、常識を超えるほどの力を持っているにもかかわらず、その力は制限され、常識内の力に留まるのである。

常識を信じて生きる人々は、決して常識を超える力を発揮するチャンスはない。常に自分の心を常識に照らし合わせ、常識に呼応させ、常識通りに生きているからである。そうすれば何事も自分で責任を取る必要がないため、無難な生き方を選択しつづけているのである。

一般常識で無理だと称されるならば、自分もまた無理だと思う。自分が無理であるという意志表示をすれば、自分の心に無理であるという情報が伝達され、心に働きかける。そして、自分が信じ、選択した通り、自分の心は、それが自分には無理であることを証明してくれるのである。

何事においても、人の心というものは、自分自身が制限しない限り、自分が制限を設けない限り、そして、自分自身が制限を選択しない限り、見事に本来の素晴らしい、輝かしい無限なる力を発揮してゆくものである。

人類は何を信じて生きているのか。
自らを信ずる者は幸いなり。
自らの無限なる能力を信じられる者は幸いなり。
自らの無限なる愛を信じられる者は幸いなり。
自らの無限なる叡智を信じられる者は幸いなり。
自らの無限なる生命を信じられる者は幸いなり。
自らの無限なる光を信じられる者は幸いなり。
自らの無限なるパワーを信じられる者は幸いなり。
自らの無限なるエネルギーを信じられる者は幸いなり。
自らの無限なる治癒力を信じられる者は幸いなり。

自らの無限なる直観を信じられる者は幸いなり。

そして、

自らの光明を信じられない者は不幸なり。
自らの無限なる能力を信じられない者は不幸なり。
自らの無限なる愛を信じられない者は不幸なり。
自らの無限なる叡智を信じられない者は不幸なり。
自らの無限なる生命を信じられない者は不幸なり。
自らの無限なる光を信じられない者は不幸なり。
自らの無限なるパワーを信じられない者は不幸なり。
自らの無限なるエネルギーを信じられない者は不幸なり。
自らの無限なる治癒力を信じられない者は不幸なり。
自らの無限なる直観を信じられない者は不幸なり。

このように、自らの自由意志に基づき、何を信じ、何を選択しつづけているかによって、人は自らの人生を、善きにも悪しきにも創造していっているのである。

自分には不可能はないと信ずれば、自らの前に立ちはだかるいかなる不可能な状況さえをも打破して、可能にしてゆく力が誰にもあるのである。自分には不可能だと思えば、どんな小さなことでも、些細なことでさえも、自分にとっては不可能となるのである。自分が思った通りの結果を生んでゆくのである。

自らの人生、それがいかなる人生であろうとも、決して他から与えられたものではなく、自らが創造しているものであるという、この私の心の叫びがご理解いただければ幸いである。

これから始まる新しい文明は、神の叡智とともに築かれてゆく。何事も、外に欲するものを求めるのではなく、内に内に向かって求めつづけてゆく。

外なる栄耀栄華は一時のものである。内なる真理、生命は永遠なるものである。

神人たちはみな、究極の真理を見事に摑み、理解し、自らの人生において神を表現しつづけてゆくのである。我々神人は、自分のことはさておき、常に世界平和のために自らを献《ささ》げているのである。日々、限りなく祈り、印を組み、呼吸法を行ない、人類に真理の目覚めを促しているのである。

この神事は、世界平和が達成されるまで、世界人類が一人の例外もなく幸せになるまで、神人から神人へ継承されつづけてゆくことであろう。まずは、究極の真理に目覚めた者から率先して、神縁深き人を次々と究極の真理に目覚めさせてゆくのである。それはあたかも、池に一つの石を投げた後の波紋のように、自然の法則に従って真理は波及しつづけてゆく。

人の生命とは、何とダイナミックなものなのであろうか。人の心とは、何と無限なる能力を発揮させてゆくものなのであろうか。

人類一人一人は、自分自身にかけつづけてきた〝出来ない〟〝無理だ〟〝不可能だ〟という催眠術を、一刻も早く解く必要がある。これは決して他者によって解かれるものではなく、あくまでも自らが自らを解き放ってゆく課題である。

これからの人類は、他に依存する必要はなくなるであろう。自らの内なる無限なる能力を発揮して生きる時代へと突入してゆくからである。人類一人一人は、常識をはるかに超えた、自らの無限なる能力に臨んでゆくのである。そして、我々は自分が思っている以上の、偉大なる存在であることに気づいてゆくのである。自らの内なる潜在能力を発揮することによって、人類の歴史に神の進化創造への道を刻み込んでゆくのである。

そして、有史以来、人類が証明できずに、ただひたすら信じつづけてきた神秘性について、科学が光を当てる時に至ったのである。科学は神を否定し、破壊するのではなく、より高次の神の存在を証明する段階に入ったのである。これまでの科学が、我々の内なる神秘性をはぎ取ってしまったことを、深く反省する時が来たのである。

いよいよ、一人一人の存在が評価される時代が訪れたのである。

第1章
地球再生へのシナリオ

世界人類が一体になるには――それが神性に基づいた普遍なる真理ないしは哲学でなくてはならない。

これから先の物質文明の発達は、もうすでに限度を超えてしまっている。これからは霊文明、精神文明の幕開けである。

今こそ我々は、物質主義から精神的、霊的な時代へと移行するまさにその時を迎えている。人類にとって輝かしい時代の到来である。

地球の歴史の中で、今ほど人類にとって大きな成就、完成、大調和に至る変化の時はない。

地球の未来は、私たちの手の中に、心の中に託されている。

人類の未来も地球の存続も、すべては人類一人一人の手の中にゆだねられている。

自分の考え方が常に既成のものに凝り固まらないようにすることである。融通、機転のきかない者は、現在のように自分を取り巻く周囲の状況が、社会が、国家が絶えず変化していて、状況に合わせて沈着かつ機敏な決断力が必要とされる時には、一人取り残される羽目になる。そうならないために、日頃から直観力を養うよう心を集中させることが必要である。

精神文明、霊文明のゆきつくところは、人類と自然との調和である。

第1章
地球再生へのシナリオ

私たちの身体の中で、地球が脈打っている。そして、生きとし生けるもののすべてが私たちと呼吸を一つに合わせている。私たちは宇宙と全く一つにつながっているのだ。

全世界は知られざるハーモニーを奏で互いを生かし合っている。

神々はあらゆる事物を通して我々に語りかけている。

すべてのすべては、みなつながっている。
一つたりとも孤立したものは存在しない。

すべての人が一つの全人類家族の一員である。

時空をこえて、人類の意識はつながっている。

いかなる違いがあろうとも、いかなる人も、深いところでは固く強い絆で一つに結ばれている。

多様性は一なるものから生まれる。

我々は地球環境に支えられ、生かされているのである。その地球環境を変えてしまうほどの科学の発展は過ちである。

第1章
地球再生へのシナリオ

科学には重い責任がある。大衆を真理より外れた世界へと導いてゆく可能性や恐れがあるからである。

多くの人々が、未だに天変地異を神の祟りや、あるいは単なる自然現象などと誤解していることは、はなはだ遺憾である。この世に起こるすべてのことは、人類一人一人の無知なる言動行為そのものが原因であり、天変地異はその結果であるのに。

天変地異は天災ではなく、人類の否定的想念、言葉、私利私欲の行為のエネルギーによるものである。

現在世界中に頻発している天変地異。これらすべて一切のことは人類の誤てる想念がつくり出してきたもの。その大難を小難に、小難を現象に現われる以前に消してしまう唯一の方法が祈りと印である。

世界のすべての問題は人間が生み出したものである。であるから、また、人間一人一人が解決策を握っているのである。

「何が起ころうともそれは運命だから仕方がない」という考え方は、問題からの逃避である。

人類の価値観は、新しい時代とともに再調整されてゆく。

古い考え方を新しい問題に当てはめて解決を図ることは、最も危険なことである。

人類一人一人の神意識、神聖意識こそが世界の輝かしい運命を創造し、世の中を変えてゆく原動力である。

人類はいずれ物質の呪縛から全く解き放たれる時が必ず来る。

我々人類はみな無意識のうちにお互いが妥協し納得し、世界の現実をつくり出している。だから誰もが被害者であり、誰もが加害者でもある。

人間、他と関わって生きていない者は一人も存在しない。

歴史は、まさしく人類による選択、決断、決行の集積である。

現実に今現われている世界の状況（戦争、飢餓、病、天変地変……）は、全人類の心の投影である。

人類一人一人は、地上に生ずるさまざまな出来事の原因をつくっていると同時に、その現象を経験することになるのである。

この世に現われるすべてのマイナス現象は、誤解、迷信、幻想より生じている。

二元対立は、我々の意識の持ち方によって、消すことが出来るし、さらに強めることも出来る。

科学と宗教が全く一つに融け合う瞬間こそ、今生から二元対立が消え去る時である。

人間が我即神也の究極の真理を理解できるようになれば、もはや善と悪を区別する必要はなくなる。

生きるとは、生命の尊さを学ぶこと。

いかなる人の生命も厳粛で深遠で価値あるものである。

人は、すべての生命を慈しむ心を失えば、自らの生命の尊厳性さえも失ってしまう。

生命には敵も味方もない。

報復という憎しみを克服できたならば、敵そのものが消滅する。

第1章
地球再生へのシナリオ

この世に悪い人は存在しない。内にも外にも。

人を赦す時、実際に赦しているのは自分自身である。

祈りとは、宇宙意識と個の意識とのコミュニケーション（通じ合い）である。

心を超えて神はなく、神を超えて心はない。自らの心が神そのものであることを知るべきである。

人間の本心とは、神そのものの心であり、すでに因縁因果の法則を超えてしまっている。

心の働き、心の力を信ずる者はすべてを癒す。

不可能はない。なぜならば、神人一人一人の尊い生命は、宇宙神の大生命エネルギー（無限なる成就）の場に直接つながっているからだ。

誰が不可能だと断定できるのだ。可能なものの限界を計ることは、誰にも出来るはずがない。最後に決定を下すのは、自分自身だ。

可能性に決して限界はない。あるとすれば、それは自分の心の中に存在する。

自らを信ぜよ!! 自らが信じた通りになるのが宇宙の法則。

限界とは、自らがつくり上げた幻想、固定観念。

あなたの目の前に広がる無限なる可能性を打ち破る障害物は自己否定。

失敗を決して恐れるな!! 失敗をするごとに、希望や夢の実現がすぐそこまで迫ってきているという証なのだ。

あなたは成功にも失敗にも心動かされるべきではない。心はいつも神そのものに焦点を合わせておればよい。

神はいかなることをも決して審《さば》かない。自らが自分自身を審くのである。

あなたはいかなる時も、自分の望むことをしている。そして、その自由意志で、今の人生を築き上げてきたのである。

希望を持ちつづけるか、あるいは絶望を望むかは、あなた個人の問題である。

自分を罰することも、自分を愛することも、そのどちらも自分自身の選択だ。

自分自身を褒め讃えよ。さすれば、褒め讃えた通りの自分になる。

「有難う」「今、すぐしよう」「必ず出来る」「絶対大丈夫」「成就」「なんて素敵」「天使のよう」「神様のよう」「あたりに輝きを放っている」「身体中、愛のみの人」……などというプラスの言葉自体に強力な運を導く力が宿っている。

人は何を信じるか否かによって、運、不運が定まる。

人の運、不運は瞬間瞬間の選択によって決まる。決して予め決まってはいない。

人の運、不運はズバリ、その人の言葉、思考、信念に比例する。

幸運は自らの心のエネルギーの為せるわざ。そして悲運もまた自らの心のエネルギーの為せるわざ。

どこまでも、どこまでも、自らの信念を強く貫き通した時、突如、自らのもとに天運が飛び込んでくる。

自らの信念が自らの行動を創り出してゆく。

信念というその驚くべき偉力。

自我意識ではなく、純粋な神意識のみを自らの内より引き出すべきである。

人は肉体のエネルギーのみでは決して生きられるものではない。そこに自らの内なる神性エネルギーが働いてこそ永遠の生命が発揮されてゆく。

この宇宙を動かしているのは矛盾ではなく、厳然たる法則である。
故に必ず平和は達成される。

第二章

この世界を救うもの

――一人一人の意識改革

（二〇〇六年　二月）

The Door Has Been Opened

人類一人一人が平和を心から抱きしめる日は、一体いつ訪れるのであろうか。その日の来《きた》らんために、私たちは世界平和の祈りを祈り、「人類即神也」[注3]の印を組みつつ、日々誠実に生きている。

人類の中には、未だに世界全体のことを、世界人類が平和に、幸せになることを真剣に考えず、真面目に生きようとしない人々が多く存在している。世界人類が今、置かれている状況、危機的破壊等に対して、謙虚に向き合おうとはしない。自我を満足させ、欲望の達成のみに心をはやらせ、「人類愛」という言葉すら、思い浮かべる術もない。

彼らはあたかも自分で自分の首を絞め、自分で自分を抑圧し、自分で自分を滅ぼしていっているようなものである。だが、そのことに気づいてはいない。自らを滅ぼすことは、ひいては人類の存亡に関わっていることを、何一つ理解してはいない。

自分の目の前に一瞬一瞬、深刻な問題が突きつけられていることすら判ってはいない。ただひたすら虚しく、世界中にて繰り広げられているあらゆる危機的問題を、我関することなく見送るのみで、真の目的も希望も抱くことさえもなく、いたずらに日は過ぎてゆく……それだけの生である。

同じく個々の運命も、まことにもろく危なっかしげで、いつ破綻を来《きた》してもおかしくはない現状である。

あとどれくらい、世界は今の体制を保ってゆけるのか、誰も判ってはいない。判っているのは、祈りのメンバーのみである。

祈りのメンバーたちは毎日真剣に祈り、印を組む。私の心の中はいつも、〝こうしてはいられない！〟と、常に何かに急《せ》き立てられているような、煽られているような感じがし、自分で驚くほど、焦りにも似た心の状態である。それほどに人類の精神、肉体は真理より逸脱してしまっているのである。

私が一呼吸する間にも、多くの子どもたちが死んでゆく。多くの人たちが戦争や紛争に巻き込まれ、尊い命を失ってゆく。私に残された命をどう人類に捧げてゆくべきか、改めて問われる日々である。

無実の人が命を落としてゆく。もはや彼らの大切な命は、再び戻るはずもない。彼らの魂は、一体何に対して恨めばよいのだろうか。不運としか言いようのない状況が、毎日毎日繰り返されている。

真理を知らぬ人々は、不条理と思うであろうし、なおも把握しきれない思いが心の中を横切ることであろう。運命と言ってしまえばそれまでのことではあるが、その運命への抵抗すら、ままならぬことなのである。

人類の前途に多難なる壁が、厳然と横たわっている。壁のすぐ向こうに、我々が予想もつかない暗黒の不気味な様相が待ち受けているのが、私にはひしひしと感じられるのである。

今や、地球そのものの存続すらも危ないのである。

世界中、どこを見渡しても平和ではない。どの方面を見回しても動揺している。

人類一人一人は自分のよりどころを求めながらも、見つけられぬ有様である。

それもそうであろう。真実に安定した場など、この世にはないからである。

真実のよりどころは　自らの心の中に

真実のよりどころは、自らの心の中にあるのである。自らの心の中、魂の奥底に厳然と横たわっているのである。それが判らなければ、平安で安定した人生など一生ない。

今こそ人類一人一人は、目に見える「外側の場」に平安を求めるのではなく、自らの心の中を探求する時に至っているのである。物質世界によりどころを求めるよりも、精神世界に安定を求めるほうが、どれほど自らの人生を輝かしいものにするか計り知れないのである。

人類一人一人は、理由も判らず今生に存在しているわけではないし、生まれてきているわけでもない。皆それぞれに役割、天命を担って降誕してきているのである。

今こそ、自分の天命を知る時が来たのである。いたずらに、その場その時限りの運命に翻弄されて生きるのは、勿体ないことである。

が、誰も本当のことは何も判ってはいない。果たして自分は何をなし、何を守るべきかが判っていない。富か、地位か、財産か、権力か、成功か、繁栄か、幸せか……。だが、それらを守る以前に自らの命を落としてしまったら、一体何を守ると言うのであろうか。

自分の生命。崇高にして大事な自分のいとおしい生命。今ほど、自らの生命の尊さを何よりも見直し、認識するべき時はない。我々は、生かされていることへの感謝、喜び、幸せ、栄光そのものを心して知るべきであろう。

人類が長い間、歴史上において繰り広げ、捏造しつづけてきた唯物的で利己的な思考、物質偏重主義の虚構を、今こそ覆してゆかねばならない。今まで人類の多くは、それらの虚構をあたかも真実のように思い込み、信じ込み、それら虚構にエネルギーを与えつづけてきた。おかげで、それらはあたかも真実であるかの如く、人類一人一人の心の中に刻み込まれていったのである。そして人類一人一人はそれらの虚構に踊らされ、縛られ、翻弄され、苦しめられ、痛めつけられてきた。

今こそ、それらの欺瞞行為を打ち破り、天の真理を世に照らし出す時に至ったのである。人類は今こそ、その場だけの安逸を追うことを断固やめて、根本的な生き方に立ち返る時に至ったのである。

今こそ人類一人一人が、一生のうちに一度だけ、人類の幸せと平和のために犠牲を払う覚悟で、地球、人類、未来の種々さまざまな問題に対し、個の責任を果たす時なのである。人類一人一人が個の責任を果たすことなくして、真の解決はなされるべくもないからである。

今こそ人類一人一人の魂の中に、遺伝子の中に刻み込まれている究極の真理、「我即神也」[注7]そのものを証す時が来たのである。古来よりの叡智を蘇らせる時に至ったのである。

今までのように、何もかも他に依存せず、甘えず、縋らず、自立し、自らの叡智そのものに意識を向け、その力を発揮してゆくのである。

個の自覚が世界を救う

地球という一つの惑星の中で、人類があらゆる生命体と調和して、平和に繁栄してゆくためには、人類一人一人が直接的あるいは間接的に、あらゆる問題と関わり、その原因をつくり、結果を摘み取っているという事実に気づかねばならないのである。どのような状況にあろうとも、人類一人一人にその責任があることを理解せねばならないのである。

一人一人の「自分さえよければ……」といった利己的な生き方や思考が、人類全体の運命や大自然や環境に対し、いかに多大な影響を与えつづけてきたかを大いに自覚し、反省しなければならないのである。

これからは個として、地球人類の運命共同体の一員として、より大きな責任をもって生きてゆくことが、私たち一人一人に課せられているのである。

テロや戦争、人種、民族、宗教の対立、そして貧困や環境破壊などの悪循環の輪廻を根本から断ち切るためには、まさに人類一人一人の意識改革、意識変容が必要なのである。今までのように他の意見に追従するのではなく、自分の自由意志をもって、個の責任において、自発的に選択、決断、決行してゆくことが大事なのである。

この人類一人一人の選択、決断、決行によって、個人の運命も人類の運命も定まってくるのである。

では、この一人一人の選択の基準は、一体どこに置くべきなのか。それはあくまでも、自分の飽くなき欲望達成のための選択、決断、決行ではなく、人類にとって善きこと、素晴らしきこと、そして世界平和に貢献してゆくための選択、決断、決行でなければならないのである。

個の運命も人類の運命も共に、人類一人一人の生き方にかかっているのである。善くするのも悪くするのも、人類一人一人の責任なのである。

個の意識の退廃から起こるべくして生じている地球人類滅亡のシナリオを書き変えるためにも、人類ははっきりと、個の責任を果たしてゆくべきなのである。決して今までのように、国に、社会に、組織に、他に自分の責任を転嫁して生きてはならないのである。人類一人一人が自らの個の責任を完全に果たしてこそ、誰もが自らの存在価値、生命の尊厳に誇りをもって生きてゆかれるようになるのである。

二十一世紀、我々は個を超えて、人類意識に立ち返ってこそ、すべての人類の存在価値、生命の尊厳を認めあうことが出来るのである。

世界が平和であることも、人類が幸せであることも、かつまた個の繁栄も、すべては個々人の意識改革にかかっているのである。人類一人一人の意識改革がなされることによって、個々人の個の責任は果たされてゆくのである。

政治家、経済人、宗教家など、権力者と称される世の指導者たちが不平等な二元対立を生み出し、国家や人類を戦争や貧困といった誤った方向に導かないよう、正しい眼で判断し、的確に提言してゆくという個の責任が、人類一人一人に課せられているのである。

我々は、互いに影響を与えあっている

人類一人一人は今、低次元意識から高次元意識へと、精神を磨き高めあげる時代の真っただ中に生きているのである。大光明霊団[注8]、救済の神々が創り出す大きな意識改革の潮流に、決して一人も乗り遅れてはならないのである。人類すべてが、この大きな改革の波に乗り遅れないよう、心して真剣に真理を学ぶ時が来て

いるのである。

真理を学ばずして生きる道はないほどの、危機的段階に突入したのである。そして、その学びの対象こそが究極の真理「我即神也」「人類即神也」[注9]そのものである。

人類一人一人はみな、自らの内より神聖なる精神を顕現してゆくのである。それが新しい二十一世紀の世界観の中核をなす生き方である。

「我即神也」「人類即神也」の究極の真理とは、人類一人一人は決して孤立しているのではなく、全宇宙にわたって作用、反作用を繰り返しつつ、お互いに影響を及ぼしあい、与えあい、人類全体として強く一つに結ばれており、誰もが地球全体の一員として宇宙に貢献しつづけている、というものである。そして、人類一人一人は本来、肉体的にも精神的にも霊的にも全く一つに調和していて、絶対に孤立した存在ではない、ということを知るに至るのである。

それは、どんなに遠く離れている全く知らない国の人たちとであってさえも、目に見えない領域にて、お互いに影響を及ぼしつつ、地球進化、人類進化への道を歩んでいるということなのである。

こうして人類は、お互いが無限なる進化創造を果たしつづけてゆくのである。その進化創造そのものの働きこそが、人類一人一人に与えられた偉大なる天命《ミッション》なのである。

自らに「我即神也」と呼びかける

究極的に、人類一人一人は自らの魂や遺伝子一つ一つに深く刻み込まれている「我即神也」の深い意味と真実の目的を探求すべきなのである。それをおいて、世界の平和も人類の幸せもない。幸せになりたければ、平安で充実した人生を歩みたければ、自分自身の探求しかないのである。

いよいよ全人類七〇億の人々が、究極の真理に目覚めるチャンスを手にしたのである。確実に……。

だが、この究極の真理は、学んだだけでは駄目なのである。実行に移してこそ、真理そのものはその人の言動を通して現われてくるのである。そのためにも日々、究極の真理そのものを唱え、印を組み、世界平和の祈りを祈ることが大切なのである。

どんな人もその能力はあるのである。真理を理解する力はあるのである。なぜならば、どの人の魂にも遺伝子にも究極の真理そのものが刻まれているからである。それを発揮するためには、日々、自らが自らに「我即神也」と呼びかけなくてはならない。自らが自らを「我即神也」と認めなければならない。自らが自らを「我即神也」と信じなければならないのである。

自分が誰であるかを日々瞬々、自らに問うのである。そして自分が自分に呼びかけるそのプロセスにおいて、自分が真実、誰であるかが判ってくるのである。現実に「我即神也」を想起することが可能になるのである。

人類誰もが一人残らず内なる真の存在「我即神也」を理解し、それを顕すよう励むならば、ついには神との永劫の統一を果たすことになるのである。人類は誰しも、人間としての真のアイデンティティ（「我即神也」）を想起することにより、自然と神そのものの真髄でもある無限なる愛、無限なる叡智、無限なる直観、無限なる赦し、無限なる感謝の心に至ることが出来るのである。

二十一世紀は、全人類一人一人がみな自らのアイデンティティに目覚める時なのである。自らのアイデンティティに目覚めれば、自分がどうすべきかではなく、地球が、大自然が、そして生きとし生けるものが、人類かつまた自分に何を求めているかがはっきりと自覚でき、それに対して積極的に関わり、取り組んでゆくことが出来るのである。

それこそが、人類一人一人に課せられた個の責任である。そして、一人一人が個の責任を果たしてゆくことによって、世界人類は平和に導かれ、美しい地球生命体を持続可能な状況に変容させてゆくことが出来るのである。

二十一世紀、人類は真理に目覚めはじめる。かつては真理や神性、霊性に対して反感や敵意を抱いていた人々でさえも、その真髄を汲みとる用意が出来はじめているのである。

真理や神性、霊性に対する反感や敵意は、すべて人類の無知による産物なのである。自らの神性をおろそかにし、自らの尊厳を無視し、自らを低次元におとしめる行為、それこそ人類一人一人の無知より生み出されたものである。

真理を学ぶことにより、みな光り輝く愛の世界に生きられるものを、人類はわざわざ自ら好んで、暗闇の世界に生きることを課しているのである。

だが、人類は長い間、何の善悪を知る由もなかった幼い時から、偏見に充ちた大人たちによって、種々さまざまなる暗黒思想を植えつけられてきた。それが人生に対する不安、恐怖心などを呼び起こし、それらに縛りつけられてしまったのである。

人類は自らに厳然と内在している神性、霊性、精神性よりも物質を好み、叡智、直観よりも知識に把われて飽くなき知識欲の虜となり、真理よりも迷信や霊能力を遥かに信じて生きてきたのである。

誰もが地上に誕生した、その存在そのものの意義を忘れてしまったのである。その上、自らが果たすべき天命、目的さえも見失ってしまっているのである。だが、人類はみな、地上に生まれたからには、折角の人生を決して無駄に終わらせてはならないのである。自らに内在せる叡智、神性を、限りなく発揮させて生きることこそ、尊い人生なのである。輝かしい一生なのである。そのためにも、珠玉の究極の真理に触れるチャンスを自らが摑み取らねばならないのである。が、不幸にしてそのようなチャンスに今まで一度も出会わなかった人々は一体どうすればよいのか。そういった人々は、自らの心が未だその高次元レベルの域に達してはいなかったのである。未だ精神性が芽生えておらず、真理を受け入れる用意が出来ていなかったのである。

地上に誕生してきた人類一人一人はみな一人残らず霊性、神性を限りなく高めあげる天命を担っているのである。可能な限り、あらゆる最善を尽くし、自らの神性、霊性を磨き高めあげ、輝かせることが求められているのである。それが全く出来ずに人生を閉じるということは、輪廻転生が限りなく繰り返され、また来生においても同じ不幸や苦悩が繰り返される、ということなのである。

幸いにも、今生において神性を磨く尊いチャンスを頂いた人々は、まことに栄誉な誇り高き人生を生きているのである。

誤った思い込みや洗脳、そして迷信などが、いかに自分にとって為にならないかを、よくよく知らなければならないのである。

病気は内なる神からのメッセージ

人間の肉体、精神、魂は実に見事に完璧に出来ている。自分が思っている以上の素晴らしい働きをしているのである。そして、驚くべき機能をたくさん備えているのである。

自らが病気という肉体的痛みや苦しみを抱え悩んでいる時、同時に自らの感情、精神も同様に悩み苦しみ、もがいていることを知らなければならない。

肉体、精神、魂、それ自体は、それぞれが決して孤立しているものではない。すべてが一つに強く結ばれ、つながっているものであり、一体である。

ということは、仮にどんな病気であったとしても、その病気を通して、自分が知らなければならないこと、学ばねばならないことを、内なる神が教えてくれているという事実があるのである。つまり、病気は自らの魂や精神からのメッセージなのである。

病気はどんな人にとっても不安であり、心配であり、恐怖である。誰でも、これらの状況から一刻も早く逃げ出したいと思う。そのため、病気それ自体と決して真剣に向き合わず、病気を直視せず、即、病気から逃避することのみを考えてしまうのである。

だが、病気の状況を自らが受容しない限り、身体の不調や病気、症状はあらゆる手段を使って繰り返される。自らの病気に対する誤った思い込みが正されない限り、病気はまた別の手段を使って生じるのである。

病気を見事に通り越すことによって、肉体と同時に精神、魂のレベルにおいても、一つの課題がクリアされるのである。肉体の痛みや体調不良は、何かを学ばなければならないという、内なる神（「我即神也」）からのメッセージなのである。

いかなることも、自分を赦し、人を赦すことを体得するための学びである。そして、自らの誤った思い込みや愛の足りなさ、執着などがその主な原因であることに気づくことである。また、他者の意見や思考を一切聞かないというエゴの固まりのせいでもある。

本来、人生は自分の思う通りに創造されてゆくものである。にもかかわらず、自分の人生において、何らかの受け入れ難き状況、病状、トラブルに行き当たったとしたら、それはまさに、自らの内なる神からのメッセージなのである。

そして、その問題解決の鍵が、それこそ「我即神也・成就・人類即神也」[注10]の唱名による瞑想である。

感情想念の支配者になる

病気やトラブルは、必ずや自らの心の奥に抑圧されている、歪んだエゴイスティックな思考が原因なのである。

例えば、

自分が言いたいことが主張できない
自分に何らかの恐れや不安がある
人を批判している
自分や人に対する不平不満、怒りの想いに満ちている
自分も人をも赦せない
物質や肉体に執着している
自己を恥じている
自らの創造力が発揮されていない

感謝の念や素直さ、純粋さに欠けている
自分も人をも愛せない
自分の失敗や欠点を認められない
自分の思う通りにゆかない
人に責任を転嫁している

病気の症状とは、要するに右の例のように、自らの誤った思考やエゴ、思い込みを変えられない時、いやむしろ、考えを変えるよりは病気のままでいたほうが自分にとって都合がよい、と思っている時に生じるものである。病気になることによって、密かに歪んだ形にて、自分の目的を達成しているのである。

だが、真理の判らない人や無知なる人は、自らが無意識に創り出している病状に気づかないまま、その病状に振り回されてしまうのである。

即ち病気とは、自らの不安や恐れや迷いや罪悪感などを、自らの叡智にて解決できずにいる時に生じる現象である。その状況を放置したまま、また、内なる神のメッセージを受けとらないまま進行させてしまった状況である。

症状には、必ず何らかのメッセージが込められているのである。そのメッセージに対し、聞く耳を持たなければならないのである。ゆえに病気を通り越した人は、必ずその病気を通して、何らかの気づきを体験している人たちと言えるのである。その人のみぞ知る、大いなる学びである。

人類はみな、内なる神（「我即神也」）の声の助けを借りて生きているのである。内なる神からのメッセージによって、自らの不安や恐怖心から解放され、安らぎ、感謝の心へと変容してゆくのである。

人間には、弱いところや足りないところ、至らないところ、欠点があるものなのである。それらの点を自らが認めなければ、いかなる心のメッセージも自分に伝わってはこないのである。自分がそれらの真理のメッセージを退けているからである。

人間はみな、素直に自分を明け渡し、明るく自由に無邪気になることである。

自らの肉体に不調を引き起こす主な原因は、自他に対する批判や非難、不平や不満、怒り、憎しみ、恨みであり、罪悪感、自己否定である。

自らがこれらの感情想念の奴隷にならずに、支配者《コントローラー》となればよいのである。それには一にも二にも、真理を理解することから始まるのである。

一番大事なことは

他人の心を変えることではない

まわりの状況を変えることではない

仕事を変えることではない

土地や環境を変えることではない

病気を治すことではない

即ち、

自分の心そのものを変えるのである

自分の心構えを変えるのである

自分の心の在り方を変えるのである
自分の心の態度を変えるのである
つまり、すべては自分の心次第であるということである。その真理に気づけば、すべてが変わるのである。

決して自分を裁いてはいけない

が、ここで最も大事なことがある。決して決して、いかなることが生じても、自分を裁いてはいけない、ということである。裁くことは、自らの内なる神を裁くことになるからである。

いかなることが生じようとも、決して自分を批判したり、罰したりする必要はない、ということである。それらのすべては五井先生[注11]の究極の真理、過去世の因縁の消[注12]えてゆく姿である、ということなのである。

自分にとって、いかなる悪い状況であったにせよ、自分の心を責め裁かず、かつまた他の人の心をも責め裁かず、すべては彼もしくは彼女との、過去の因縁の消えてゆく姿である。悪い状況となって消えてゆくことによって、過去の因縁がなくなるのである。何と有り難いことであろう……。

そのように、心より感謝すれば、もう二度と同じ悪い状況は現われないのである。

自分の生き方や思考を批判したり罰し裁いたりせず、すべてを受け入れ、世界平和の祈りに投げ入れるか、「我即神也」「人類即神也」の印を組むか、そのどちらかをするのである。そうすることによって、自動的にすべてが消えてなくなり、人生や運命がよくなってゆくのである。

苦しみや痛みや悩みが生じるのは、すべて内なる神を見失ってしまっているからである。この内なる神の声を聞くよう心がけることが、一生を通して、幸せと感謝に満ち溢れた人生を過ごすことが出来る秘訣なのである。

そのためには一にも二にも、究極の真理、世界平和の祈りを祈り、「我即神也」

「人類即神也」の印を組みつづけてゆくことである。すると真の神のメッセージが聞こえてくるようになり、魂、精神、肉体は一体化し、無限なる叡智を発揮できるようになるのである。

人類にとって、魂も精神も肉体も健康に暮らせることほど幸せなことはない。この三つは強い絆によって結ばれているのである。

ゆえに、どれか一つを取り上げて、例えば肉体の病気をとり、病気に対して、あらゆる完璧なる対症療法をし、病気が全治したとしても、精神、魂のレベルにおいて少しも進歩向上、もしくは進化創造がなされなければ、肉体のみが完璧に調うことはありえないのである。

常にその三つは一体であり、三つのバランスの調和がとれてこそ、今生の人生は最高に達するのである。

人間は、大自然の営みの中で、森羅万象が語りかけるひびきを理解するよう努めてゆかなければならない。

環境破壊、いや自然災害に対しても、今や人類一人一人が責任を取るか取らないかの問題ではない。全人類がみな、責任を取る時代が来るのだ。

毎日、地球上で尊い生物の種がたくさん絶滅している。それは、いつか突然人類がその報いを受けなければならない、ということでもある。

我々は宇宙全体がいかに人類とかかわっているかを知らなければならない。かつまた、自分の存在そのものが宇宙に大きく貢献しつづけていることをも知るべきである。

第2章
この世界を救うもの

この世の中は、自らが変化しつつ他と関係し、他と関係しながら自らが変化しつつ、進化創造を遂げてゆく。

究極の自分は、国にも人種にも民族にも宗教にも、どこにも属しているものではない。個の自分だ。神なる自分だ。我即神也そのものなのだ。

〝個に生きる〟ことの個とは、宇宙の中心、地球の中心、天の中心、地の中心そのものである。

我々の実体は、個であると同時にすべてのものとつながって生きているということである。

真理の法則――個は全体であり全体は個である。

あなたは果てしなく広い宇宙の中に存在しているのではない。本来、果てしなく広い宇宙があなたの中に存在しているのである。――我即神也。

人類の過ちは、個人の責任である。

人類の過ちを正し、救うのは、個人が真理に目覚めることのみである。

人類の個々に意識改革が起こらなければ、人類の未来は現在のままか、または滅亡であろう。

第２章
この世界を救うもの

世界中の至るところで意識革命が求められている——我即神也。

自らの内なる進化創造こそ、人類一人一人に託された天命である。

人類は誰もが物質的、暴力的、破壊的な歴史の流れを変えてゆく義務と責任を担っている。

自己変革は、自己の心の中の古い習慣を自然破壊させることによって初めて達成される。

何と途方もない無限なるエネルギーが、この自己の細胞の遺伝子の中に存在していることか。

肉体の中に、肉体自身を修復させてゆく隠された神秘なる能力があることを、人は気づいていない。

人間の体内には本来、体が体自身を修復し癒してゆく隠された能力が宿っている。

誰でも自分の内に自然治癒力は存在するが、自分の内だけでなく、外にも自然治癒力は存在している。

第2章
この世界を救うもの

太陽、水、空気、山、海、樹々、花々、岩……大自然から人間を癒すエネルギーが放出されている。

頭の回転が鈍る。物覚えが悪くなる。注意力が散漫になる。考えがまとまらない。こういった人々は、心身ともに疲れているのである。即、ただちに自然の中に、緑の中に身を置くと、大自然の息吹がすべてを癒してくれる。そこから希望があふれ、意欲が湧き、創造力が増し、未来が輝いてくる。

病気になったとしても、本来、身体を壊そうとする働きよりも、身体を回復させようとする働きのほうがより一層大きく強いものである、ということを知らなければならない。

病気とは、鈍ってしまった身体の力を、一つ一つの充分に働いていない細胞の働きを、再び呼び起こす働きなのである。

多くの人々は、病気を心配し、恐れ、怯える心で接しているが、本来は、病気を生かす心で対処すれば、病気など決して恐ろしいものではない。

病気は自然に経過するものであって、あわてふためいて、余計にいじくりまわさないことである。病気になるということは身体の一つの力なのである。完全燃焼されていない余分なエネルギーの発散の方法なのである。

病気とは、表現され得ず抑圧されてしまった感情想念のはけ口である。

第2章
この世界を救うもの

胃が重い、腰が痛い、血圧が高い、動悸が激しい等々……人はいつも自分の肉体に不平不満をぶつけている。その不平不満を受けて胃や腰や心臓は、更に激しく抵抗する。

もし胃や腰や心臓にいつも一生懸命働いてくれて有難うという感謝を捧げるならば、胃や腰や心臓から自然に、ああしたらよい、こうしてくださいという直接のメッセージが届くはずである。

どんな病気でも、その奥に隠されたメッセージがあることを決して忘れてはならない。

自分を癒すことが出来るのは唯一、自分自身である。

病気の癒しは時間には全く関係ない。自分の肉体を構成している細胞の一つ一つそのものに深い理解がなされた時、突然癒される。

自らの肉体細胞を司るＤＮＡの自己治癒力を信じなければならない。人間の病気は自らの細胞が診断を下し、治癒させている。

どんな状況であれ、絶対大丈夫という信念こそが、自らの健康に多大なる影響を与え、免疫力を高めてゆく。

確信に満ちた光明の言葉は、自らの人生に勇気ある変革をもたらす。

第2章
この世界を救うもの

五井先生の聖書『神と人間』は、失望していた心に希望を、病んだ肉体に息吹を与えてくれる。

肉体とは神霊なる生命の宿る器である。

真実の自分（我即神也）を素直に受け入れなさい。

我即神也の真理は、自らの肉体を変質させ、進化させることが出来る。

人生とは、さまざまな困難や苦痛に耐えるためではなく、自らの内に宿る神性を目覚めさせてゆくためにある。

自分に対して誇りを持てる生き方、それこそ〝我即神也〟を顕現してゆくことの証。

神は宇宙のいかなるところにも遍在している。特に自分に内在している神こそ、自分自身のすべてを一番よく解っており、自分の本当に進みたい道に導いてくれる。

一瞬一瞬、自分は神を表現しているべきなのだ。

我々は究極の真理〝我即神也〟を信じている。が、しかし、その信念をどれだけ言葉や思い、行為に表わしているであろうか。

運命とは信念の投影である。信念の通りに運命は形づくられてゆく。

あなたは、自分自身をいつでも自分の思う通りに創り変えることが出来る力を有している。

たとえ未熟な自分、至らない自分であったとしても、真実の自分は完璧な光り輝く存在である。

たとえいかなる心の状態で〝我即神也〟と発し、印を組んでさえも、本来の崇高なる神の心と直結し、そのように誘導されるのである。

人生とは、自らが自らの内なる神性を表現し、体験してゆくことに尽きる。

人類は、いかなる宗教・宗派に属さずとも、規定された祈りを祈らずとも、人間一人一人の内奥より溢れ出る「我即神也」独自の感謝の祈りがあればよい。

祈りとは、自分が少しでも暇を見つけては、いつでもどこでも〝我即神也〟と自分の内なる神と交流し、そして自分自身に対して自分の名を呼び〝○○さんありがとう〟と感謝すること、さらに〝人類即神也〟と感謝できることである。それこそ真の祈りである。

人類一人一人が究極の真理、我即神也の真の自己を知り得た時、宗教はこの世から必要とされなくなる。

病気や失敗や挫折を決して苦労とは言わせない。それは神人に行き着くための、回避できない大切な成長のプロセスだからである。

「私には出来ない」「私にとってそれは不可能だ」という言葉を使った時、使った本人は、自らの究極の真理「我即神也」そのものを裏切ったことになる。

劣等感とは他者との比較によって引き起こされる。常に神と照らし合わせて生きるならば、自らを裁く必要はない（神は赦しのみ）。

すべての感情は、単なる固定観念の反応である。

自らの誤った固定観念を覆すには、全否定することではない。ただひたすら「我即神也」を念ずることのみ。

自らの思考を放っておくことは、過去に録音された悲しみや怒りや恐怖というＢＧＭを好んで四六時中聞いているようなものだ。即ＢＧＭをオフにし、今の一瞬を我即神也に集中して生きるべきだ。

脳内の思考の絶え間ないざわめきは、呼吸法によってしずまる。

自らが一番知らなければならないこと。それは、自分自身が神性そのものであるということである。

人は何が出来るかに価値があるのではない。すでに内在している神性そのものこそが尊く、価値あるものなのである。

いかなる情報が乱れとんでも、何もまだ遅くはない。決して諦めるな。

第三章

神意識による選択

（二〇〇七年　一月）

The Door Has Been Opened

二〇〇七年を迎えた現在、人類の大光明集合意識の波動はどんどん拡大していっている。それはより一層勢いを増し、〝我即神也、人類即神也〟の意識そのものに焦点が集中し、ついにはクリティカル・マス（臨界点）を超えて、人類の集合意識の目覚めが始まる。そうなると、全人類の意識は、究極の真理や調和、そして何よりも、高い精神性に目覚めてゆくのである。

そして、こうした霊的気づきの拡大により、この世から核や軍隊は一掃され、人類一人一人は平和を尊ぶようになる。地球をはじめすべての生きとし生けるものを敬い、讃え、それらと共生する意識が自然と芽生えてくるのである。

人類の思考はますます活性化され、自らの無限なる創造性に気づいてゆく。そして、自分の発した思考や感情、言葉や想念が、常に自分と同じタイプ（波長）の人々を引き寄せていたことに気づくのである。また、人間として最善とは言い難い関心事や、利害損得の心から生み出されたエネルギー同士もお互いに影響し合って、その企みを助長させてゆくことに気づく。

ゆえに、これからはなお一層、宇宙神の真理に自らの思考の焦点を明確に据え、自らが真に望む目標に思考を集中させる必要に迫られるのである。

これからは、「人類一人一人の思考こそが現実を創り上げる」という真理が決定的となり、多くの人々がそれを次から次へと実証してゆくようになる。その現実は、自分自身の心の中で着々と築かれるものである。そのため、人類一人一人は自らの神性に気づき、我即神也を素直に認めるとともに、その究極の真理と真摯に向き合わなければならなくなるのである。

なぜなら人類は長い間、自らの神性と究極の真理〝我即神也、人類即神也〟を封印されたまま、転生を繰り返してきたからである。長い間抑圧されつづけたエネルギーは、その行き場を失い、やがて自らに向けられるようになり、自己否定や自己批判、ひいては自己無力、自己破壊へと意図的に仕向けられていったのであった。

こうして真理は幾万年にもわたり、地球人類に明らかにされぬまま、隠蔽《いんぺい》され、歪曲《わいきょく》された。その代わり人類の間では傲慢《ごうまん》、怠慢《たいまん》、偽善、悪などがはびこり、ついに否定的思考や想念、そして非真理が臨界質量《りんかいしつりょう》に達し、地球を崩壊寸前へと追いやっていったのである。人類のほとんどは、自ら望んで現在の人生を歩んでいるのである。それこそ人類一人一人が「自らが自らの人生を創造する」という真理を実践しているのである。

だが、これからはこの無知なる生き方に終止符を打ち、真理のみを実践してゆくべきなのである。そのためには、自らが自らを価値ある存在と認め、我即神也、人類即神也の究極の真理を素直に受け容れ、実行してゆくことこそが重要な鍵となるのである。今までのような無力感と被害者意識に彩られた思想や考え方を、自ら一掃する時に至っているのである。

人類一人一人の目覚めた意識には、いかなる指導者も支配者も必要としない。自らが自らを真理に沿って導いてゆくことこそが絶対なのである。自らの可能性や創造力や真実を知る能力を否定したり、放棄したり、あるいは最も大切な自らの神性や自由意志を無視することは、地球人類の進化創造より自ら進んで脱落してゆく意志表示にほかならないのである。

そして忘れてはならないことは、あなた自身が自らの体験の創造者であるということである。さらに最も大事なことは、自らの遺伝子に蓄えられている大量の善なる真なる愛なる記憶を呼び覚ますとともに、自らの遺伝子に刻み込まれている膨大なる宇宙神の計画、宇宙神の意志、大み心、それらのすべてを蘇らせてゆくことである。

その遺伝子に刻み込まれたすべて一切のものとは、真理そのもの、光明そのもの、愛そのもの、善そのもの、進化創造そのものであり、それのみである。それらはいかなる人の遺伝子にも、必ず組み込まれているのである。
人の輪廻転生の記憶は、遺伝子の中に徐々に蓄えられるものだが、究極の真理は、遺伝子の中にすでに刻み込まれているものである。従って、人類一人一人は自らの遺伝子の中に蓄えられた善なる記憶と、刻み込まれた究極の真理を常に思い出すよう努力すれば、自らの人生を最高のものにしてゆくことが出来るのである。

何千生、何万生かけての人の一生の記憶は、人それぞれ異なっている。それこそ善なるものと悪なるものが種々に入り組み、複雑怪奇である。だが、それらの体験の一切は、遺伝子の中に刻み込まれてはいないが、感情想念がそれを記憶しているにすぎないのである。その記憶の中から善なるもの、愛なるもの、真なるものが、自らの人生をよきほうへと導いてくれているのである。

一瞬一瞬、真理の選択をする

一瞬一瞬、目の前に生ずるあらゆる現象に対して、人は無意識に選択しつづけている。その際、真理なるもの、善なるもの、愛なるものを選択しつづけてゆけば、必ず輝かしき人生が創造されてゆくものなのである。

だが、人は一瞬一瞬の選択に対し、いちいちそのような判断を繰り返し行なって生きてはいない。ほとんどの人が無意識に選択しているか、あるいは表面意識の利害損得に結びついた選択をしているかのどちらかである。それではいつまで経っても自らの人生に進歩はないし、向上もない。それこそ過去の体験が作り上げた潜在意識に操られて生きているようなものである。

一瞬一瞬の選択こそが、人生における幸、不幸を分ける要素なのである。この一瞬一瞬の選択を真理なるもの、愛、善、光明なるもののみで行なえないものであろうか。答えは誰もが行なえることなのである。そしてそれは、決して難しいことではないのである。人類一人一人の遺伝子に刻まれている究極の真理と自らの意志が常につながっていればよいのである。自らの意志が究極の真理と分離することなく、常に一体となっていればよいのである。

では、どのようにしたら自らの遺伝子に刻み込まれている究極の真理と自らの意志を常に一体に出来るのであろうか。これがなかなか難しいらしいのである。こんな簡単明瞭なことがなかなか出来ないようなのである。幸運なる可能性は自らの上に無限に存在しているにもかかわらず、自らがそれを放棄してしまっているのである。いかなる状況においても自らの選択一つによって、人生が大きく左右され、変わってゆくということを理解できないのである。

一般の人々がしていることといえば、今自らが抱えている不幸や悩み、恐怖や心配事を一刻も早く解決したいがため……いや、むしろ自分の心の重荷から逃れたいがため、そしてそれら一切の不安から一刻も早く解放されたいがため、この一瞬の選択をおろそかにしてしまっているのである。その場その時の状況や雰囲気、そして自分の激した感情によって決めてしまっているのである。このような選択を次々と行なっていても、真理から導き出された選択ではないため、何も変わることはないし、むしろもっとひどい状況に自らを追いやっているようなものである。

それでは、一体どうしたらよいのか。それは、自らの抱える心配事や不安を、常に平安と幸せに置き換えようという意志を強く持ち、決して対症療法的な解決を望まず、根本的解決に導くべき信念を自らの心に強く表明し、刻印すべきなのである。決して自らの不平不満、不安恐怖、被害者意識によって自分を駆り立てるようなことはせず、かつまた誤った強い思い込みによる意志表示をかたくなにせず、あくまでも内面性に思いをめぐらせ、内なる神性に心を向けてゆくことが大切なのである。そのためにも、日常生活における何気ない思考や言葉がいかに重要かに改めて気づくべきなのである。

自らの選択で自らをリードする

二〇〇七年に入り、日本国内はもちろんのこと、世界各国各地において素晴らしい気づきが進んでゆく。彼らは、使い古した過去の思い込みや信念、そして執着などをどんどん手放しはじめている。彼らはかつてのように、時の権力者や宗教指導者、他の組織の領域に属するのではなく、自らの意志を表明し、選択しはじめる。自分自身を信頼し、自らが自らの人生のリーダーシップ（指導権）をとるようになってきているのである。まさに変容の時に至っているのである。

過去、現在の世界の様相は、まるで狂ってしまったかのように、あちこちで人間の崩壊が始まっている（無限なる光明！）[注6]。今ほど人類一人一人の賢明な選択と、それが出来る能力を必要としている時はないのである。いかなる状況においても、識別し、評価し、選択を下すのは自らの信念以外にないのである。そして自らの抱える不安や心配、不平や不満をきちんと認識して、それらを自らのエネルギー磁場から意図的に解き放つことが必要なのである。

心配や不安というものは、自らの願望や流れを妨害されたり遮断された際に、その感情想念エネルギーが行き場を失い、それが自らの心に向けられ、心を占領している状態なのである。その自らに向けられたマイナスの感情想念エネルギーは、不甲斐なさや無力感、無知、そして責め裁きをもたらすのである（無限なる光明！）。だが、その時こそ自らが自らをリード（先導）してゆくことの大切さが問われるのである。望む結果を得るのに必要な変化を起こすのは、あくまでも自分の責任である。マイナスの感情想念エネルギーをポジティブに変えてゆく、変容させてゆく。そして望む結果を得るために必要な変化を、自らの意志によってリードしてゆくのである。

その変革、変容を自らがしなければ、またもとの惰性や習慣に従い、その時の激昂した感情によって、人生の大切な選択、決断を誤ってしまうのである。あなたは知らないかもしれないが、自らに向けられたマイナス感情想念エネルギーの加速がもたらす重圧は、自らの意識に、身体に、思考に顕著に影響を与えつづけているのである。あなたの肉体は、あなたの思考や感情の影響や結果を忠実にフィードバック（帰還）させているのである。一つの一瞬の無意識の選択が、人生における大きな決定を生み出しているのである。自らの健康を損なうのも、自らを病気へと導いてゆくのも、選択一つにかかっているのである。

自らが自らによって形成されているという事実。究極の真理が分かっている人と分かっていない人との差は、一瞬一瞬の選択の積み重ねの差にあり、それによって運命は大きく分け隔てられてゆくのである。

だが、究極の真理〝我即神也〟を分かっている人々はみな、この選択、決断、決行の真理を理解し、実行しているため、自然に運命が修正され、平安、幸せに満ち溢れた人生を自らが創造していっているのである。

〝我即神也〟の実証者たち

昨年（二〇〇六年）十二月、富士聖地[注13]にて月例の祈りの行事が行なわれたが、その時、私は参加者一同が、究極の真理〝我即神也〟をどれだけ自分のものとしているかを把握したくて、一つの質問を発したのであった。

「皆様は、自分を信じられますか？」

一九九四年、初めて〝我即神也〟の究極の真理が富士聖地に降ろされた時、正直に申し上げて、祈りの同志たちはどれほど戸惑い、躊躇されたことだろうか……。この真理を自らが受容し、理解し、発声し、唱え、断言することは、どれくらい大変な勇気を必要としたか、計り知れない。自らの力不足、不認識、至らなさ、不信感、現実とのギャップ、置かれている立場を考えれば、とうてい納得し難いことであったに違いないのである。しかも突然「私は即ち神である」と宣言することは、いかに恥ずかしく堪え難きことであったかを……。特に日本人は、謙虚さや恥を重んじる国民性があり、そんな教育を身に付けた方々が自分の今の精神レベル、そして現実の生活と比較して、とても断言できる状態ではなかったからである。そして何よりも長年にわたる常識やマイナスの習慣や惰性を引きずっている者としては、たとえ真理と言われても、なかなか出来難いことであったに違いないのである。

だから、たとえ私が皆様に「宣言してください」と申し上げても、心の底から納得し、理解できなければ、絶対に宣言できないものなのである。また、たとえ宣言できたとしても、真からのものではないので、どうしても偽善行為に陥ってしまう。偽善行為とまではいかずとも、羞恥心から、どうしても消極的になってしまう。

だが、富士聖地において、そして集会場において、皆で一斉に、少しずつ、真理の言霊を繰り返し繰り返し唱え、かつまた宣言文の奉唱や唱名を繰り返し繰り返し行なっていくうちに、それが自然に身に付きはじめ、ついには素晴らしい習慣となっていったのである。そのことをもっと正しく言い換えると、誰の心の内にも神性が宿っており、その神性を思い出し、引き出していったのである。そして真から究極の真理を理解できるほど、精神がレベルアップしていったのである。その言霊の凄さを自らが体験していったのである。

そして現在に至り、ついには皆で一斉に次元上昇を試みられるようになったのである。それだけ皆の信念が絶対的になっていったのである。

そして昨年の締めくくりとして、私が祈りの行事の参加者約三千名に対して、この究極の真理〝我即神也〟を宣言し、印を組みつづけ、確かに自分の意識や生活が少しでも変わったと思う方は立ってくださいと申し上げたら、何と九〇パーセントの方々が立ち上がったのである。この時の私の感動は今でも決して忘れることは出来ない。これが真実の姿なのである。祈りの同志は神や他にすっかり依存せずとも、自らの信念により少しずつ確実に、以前と比べ変わっているのである。よくなっているのだ。なかには一〇〇パーセント確信をもって立ち上がっている人も大勢存在した。こうした方々は、自らの体験を通して「絶対大丈夫」「必ずよくなる」「すべては必ず完璧に調ってくる」……という信念を貫き通し、自らの人生を自らが変えていった方々である。自らが自らの運命の導き手であることを知る、リーダーなのである。これはまさに世界人類の代表者である。人類に先駆けて、真理を実証してくれたのである。私は一瞬身震いし、その情景に我が目を疑ったほどである（無限なる真実！）。

知識では真理を理解していても、それを自ら実行してゆく人々は少ないのである。少ないからこそ宗教がいかなる真理を説き明かしても、未だに人々の不幸や不安や悲しみは癒されず、心の中に一杯詰まったままなのである。

そしてまた、どこの世界に、自らの信者に対して直接このような質問をする宗教指導者がいるだろうか。いや、いないだろう。なぜならば多くの場合、立ち上がらないだろうことを疑わないからである（無限なる信念！）。

だが、私には自信と確信が根底にあった。他の一部の宗教指導者は、信者一人一人に対して自立を促しはしない。自立よりも宗教に依存させることに必死だからである。信者が次々と自立していったならば、その宗教をそれ以上必要とすることがないからである。

しかし、私たちは神示により、人類の指導者を創り上げることに重きを置いているのである。自らが自らの指導者として、自らを育てていかなければならない。そして、これからがますます人類に必要とされるのである。この究極の真理こそが〝我即神也、人類即神也〟そのものである。

だからこそ、九〇パーセントの人々が一斉に立ち上がったのは実に快挙であった。これは驚くべき事実である。いよいよ時至れり。今年はまさに人類の目覚めの時である。これはまさに奇跡である。

ここにおいて、いかに究極の真理〝我即神也、人類即神也〟を自らに修め、極めることが大切であるかがお判りになったかと思う。祈りの同志はみな、世界人類の指導者たるべく導かれてゆくのである。

もちろん、他の宗教団体や慈善団体においてもたくさんの秀れた指導者が存在することは当然のことである。

選択とは一瞬の閃き

先にも述べたが、一瞬の選択こそが自らの人生の、運命の鍵を握っているのである。この一瞬一瞬の選択は、究極的には無限なる直観、無限なる叡智から引き出されてくる閃きなのである。一瞬一秒というあっという間の瞬間、いちいち自らの意識を内なる神域にコンタクトし、そこでいかなるメッセージが来るか、瞑想したり祈ってから選択し、決断するのでは、もうすでに遅すぎるのである。その間に、四、五回の一瞬一瞬が訪れては過ぎ去っているのである。

今、この一瞬一秒に、どちらかを選択する以外にないのである。今行くべきか、行かぬべきか。今するべきか、せぬべきか。今食べるべきか、食べぬべきか。今住むべきか、住まざるべきか。今帰るべきか、帰らざるべきか。一緒か、一人か。

今日か、明日か……。

一瞬の選択、決断、決行……真理を理解していない人々が正しい選択を下せるわけがない。今迷っている自分、感情的になっている自分、不安、恐怖に苛《さいな》まれている自分、苦悩や悲しみを背負っている自分、輝かしい未来を予想できない自分、物質（金、財産、権力、名誉、土地）のみに把われている自分、恨みや憎しみを抱いている自分、復讐を考えている自分、至らない自分、無知なる自分、自分を疑っている自分、確信を持てない自分、否定的な自分……が選択、決断を下せるわけがないのである。だが、神人および真理を理解している人々の場合、今、この一瞬の選択を下すのは〝我即神也〟の自分、究極の真理を理解している自分、果因説[注14]の自分、守護霊[注15]、守護神と一体の自分、五井先生に見守られ導かれている自分そのものである。この違いである。

前者は、究極の真理が分からない自分、因果律の自分、過去の不安、恐怖体験を引きずっている自分、過去の暗いイメージから解放されていない自分、未だに肉体のみに執着している自分、物質のみに重きを置いている自分が一瞬一瞬、選択するのであるから、ほとんどの選択が誤っているといっても過言ではない。その選択から現われてくる未来は、過去の延長上にある人生とほとんど変わらない。進歩のない、悩み多き、不幸多き、病多き、事故災難多き、波瀾万丈の人生である。

後者は、いかなる瞬間も我即神也そのものの自分が選択するのであるから、それは全く宇宙の法則に則った選択となり、一瞬一瞬の選択をすればするほど宇宙神の光り輝く世界へと直結してゆくのである。宇宙神の世界は真理のみ、愛のみ、幸せのみ、平和のみ、繁栄のみ、光のみ、善いことのみ、素晴らしきことのみ、健康のみ……であるから、その通りの人生が展開してゆくのである。この究極の真理に基づいた選択を習慣づけるのは努力である。人はついつい心を放っておくと、過去の忌まわしい体験に引きずられてゆく。過去の出来事に心が傾いてゆく。過去の記憶が蘇ってくる。過去に把われてしまうのである。

そうならないためには、自分の心を常に監視することである。いついかなる時も、かつまた心を自由に解き放っている時でさえ、意識は一切過去に把われず、過去に引きずられず、過去を蘇らせずに心を管理しつづけることである。人は決して感情の奴隷になってはならない。過去の記憶の奴隷にもなってはならないのである。人は常にいついかなる時も、いかなる状態、状況にあってさえも、神意識に至らなければならないのである。そのように自らが自らを導いてゆかねばならないのである。

それが出来れば、もう自らの人生は、肉体を持ったまま光そのもの、幸せそのもの、健康そのものとなる。そして、一切の不幸、災難、否定的現象、そして天変地異さえも自らに引き寄せることはない。なぜならば、自らの意識が神意識そのものとつながっているからである。神の中には一切の否定的現象は絶対にないからである。

幸せを創造するために——日々瞬々、努力と実行

これを日常生活において実証してゆくことこそが神人の天命である。神人は常に祈りつづけているため、いついかなる時も、いかなる状態、状況にあっても必ず神意識の選択を下せるのである。

日々瞬々、努力と実行である。幸せとは、常に心が平安であることである。常に自分の心が何ものからも乱されないことである。不安、恐怖に陥らないことである。すべて一切のものから自由であることである。過去の束縛から解放されることである。否定的想念が生じないことである。一切の執着がないことである。この境地に至るよう、自らが自らを励まし、信頼し、確信をもって導いてゆくことである。

自分の幸せは、絶対に神が導いてくれるものでも、他が与えてくれるものでもない。他の真似をして手に入れるものでもない。あくまでも自らが究極の真理を

理解し、受容し、それを日々瞬々実行に移して手にしてゆくものである。

幸せは、自らが創造してゆくものである。それが世界人類七〇億人の義務であり、責任である。誰もがこの責任から逃れることは出来ない。この自らに任された自らの幸せへの道、いや天命は、この責任を果たし終えるまで訪れない。あらゆる事故、災難、病気、貧困、差別、闘争、迫害、苦悩などは、人類一人一人に与えられた究極の真理を理解するための材料である。〝我即神也〟に至るまでのプロセスである。

神人と称される方々は、これらの義務、責任がほぼ果たされ、〝我即神也〟に至るプロセスが完成され、あとは光に住し、光の中で生きることのみである。ここに至るまでの種々さまざまな苦しみだったのである。ここに至ったからには、あとは放っておいても幸せへの道は自らの行く手にまっすぐと貫かれているのである。

もうその世界に近づいたのである。完成まであともう一歩。

人類一人一人の選択、決定によって人類の未来が決まる。

すべては選択、一瞬一瞬の選択。

いかなることにおいても、本人が選択しないことを体験するわけがない。

この瞬間に、自分は神の愛を選択することも出来るし、このまま不幸を選択することも出来る。

人生の一瞬一瞬とは、自分が今変わり、今成長する機会である。だがしかし、その一瞬を生かすも殺すも自分の選択次第だ。

あなたは自分の言葉を通して、その状況、環境を創り出している。

想念は現象化する。

日々瞬々刻々、自分自身を創り変えてゆかねばならない。我即神也に向かって。

自分が岐路に立った時、即、我即神也の印を組むことによって、偽りではなく真実を、恐怖ではなく平安と幸せを選択できる輝かしき直観力が出てくる。

小さな選択の積み重ねこそ、究極において大きな奇跡を引き起こす。

恐れとは否定的な現実を選択することである。

感謝とは肯定的な現実を引き起こすことである。

何かを恐れれば、その何かは必ず、恐怖の対象として自分に引きつけられてくる。恐れる代わりに受け入れることだ。受け入れれば、そのものは消えてしまう。

過食、過労、不眠は、不安、焦り、心配、恐怖の想いをつくり出す。

人に向けられる憎しみ、恨み、怒り等の感情想念は、逆に自分自身の中に不安、恐れ、不調和を植え込むことになる。

自分の過去の過ちは心から離れないものである。だが、真理への目覚めだけが過去の過ちから心を解き放つ。

人生には、不安、恐怖は何もない。あなたが結果に執着しなければ……。

考え込んでばかりいる人は、一歩も前に突き進めない。いつも同じレベルに止まったままだ。

私たちは、ついつい言いたくもないことを言ってしまい、したくもないことをしてしまう。これは習慣意識の為せるわざである。自分自身をもっと覚醒させるべきだ。

人は自分の可能性に目覚めた時、不安はかき消される。

人は誰にでもいかなる失望、絶望からさえも、はいあがれるほどの偉大な能力が備わっているものだ。

何かを創造する時、最初にすべきことは、自分の強い意志決定である。

第3章
神意識による選択

まさに今、この瞬間、自分の未来が創造されつつある。

選択、再選択、再々選択……。自らの希望や夢、そして目的に向かって、繰り返し、繰り返し、同じ選択をしつづけると、ついに成らざるものも成る。

目に映る、耳に聴こえるあらゆる現象の中から、美しきもの、心地よいもの、勇気溢れるものだけを選択するよう努めること。

明日の不確かさは、今日の生き方にて即、変わる。

我々が恐れを抱くこと、それ自体が恐れである。

すべての物事において、結果だけを見るのではなく、結果に至るまでのプロセスにおいて、その都度、間違いのない選択、決定が下されたか否かを知ることである。

何事も、意志決定する際には、自らが期待する将来をすべて完璧に予測することはなかなか難しい。だが、常に軌道修正を行なうことによって、自分の選択、決定は間違いないと確信できると、何事も完璧に成就してゆく。

本来は、あらゆる瞬間が自分にとってのグッド・タイミングなのである。

第３章
神意識による選択

いかなる状況に立たされても必ず選択の余地はある。

あなたの意志決定こそがあなたの人生そのものである。

今、あなたに即出来ること、それは自分の意識を変えること。

現実は心の中で築かれる。

人類はみな平等に、一人の例外もなく、自分自身が選択したものを受け取っている。

「我即神也」の信念こそが、自らの新しい人生を書き換え、創造している。

「我即神也」の絶対なる信念こそが、自らの新しき言動を創り、編み出してゆく。

人生は初めから何事も成就するよう出来ている。自らの心が迷い、疑わない限りは。

意識即ち創造力。自らの意識は、いかなるものをも生み出し、創造してゆく。

自らの意識が何かに把われた時、意識を向けたそのものが創造されてゆく。

自らが経験することは、自らの意識が生み出したものであり、それ以上でもそれ以下でもない。

自信喪失とは、自らの神意識を放棄してしまった結果である。

世界平和は神からもたらされるものではない。人類一人一人が自らの内にある崇高な神意識を顕すことによって初めてもたらされる。

人間の思考想念の力のいかにすごいことか。善くも悪くも自分の信ずる通りにすべてを導いていってしまう。

「自分は成功するだろう」と考える時、あなたの心は不思議に成功するための解決法を見出している。

未来は、あなたの瞬間ごとの選択によって確定してゆく。

すべての瞬間、私たちは自分の目先の現実を創っているだけでなく、人類の未来の創造に参画している。

すべてを選ぶのはあなただということを忘れてはならない。そして選ぶ自由、選ばない自由があることも忘れてはならない。

常に自らが完全な状態、そして欠けたるもの一切なしという状況を強くイメージしつづけることによって、その通りの現実が創られてゆく。

あなたが語る愛の言葉は、宇宙神の真理の法則に則って、必ず実現化されてゆく。

記憶をよみがえらせ、それをポジティブに使うことはよいが、決して過去の記憶に翻弄されてはならない。

あなたが習慣をつくったのだからこそ、あなたにしか習慣を変えることは出来ない。

人生とは、どの瞬間も自らの意識のみで創られてゆく。

何事も意識して生きることこそが現実を変えてゆく。

不平や不満、怒りや憤りは、それにふさわしい現実しか引きつけない。

不安や恐怖を一掃させるためには、自分自身をとことん徹底的に信じること。自分自身の中にこそ強さや自信はみなぎっている。

いかなる人といえども本来みな神性そのものの存在である。どんなに肉体や感情、心の状態が移り変わっても、神性はそれらを貫いて光り輝いている。

自らの内に神の存在を感じられるようになると、不安や不幸は消え去る。

心から怖れがなくなれば、人生は劇的に変わる。

人類それぞれの生き方を決して否定するのではなく、人類一人一人の選択を見直す時。

善い言葉を味方にしよう。善い言葉こそが自分の運を切り開いてゆく。

言葉一つ一つを慎重に選べば、思考も人生も一つ一つ変わってゆく。

言霊とは、現実の出来事を引き起こす力そのものである。

今日一日、出会う人すべてに感謝。すべてに有難う。

一瞬の迷い、一瞬の疑い、一瞬の選択によって人生の明暗は決まってしまう。

第３章
神意識による選択

一瞬とは永遠の生命の断面。

人生の一瞬一瞬が終わりであり始まりでもある。

自分は本来光り輝いているものだと決意した瞬間、神性への道は開かれてゆく。

人や物に対する執着心こそが、今この瞬間に選択すべき状況判断を狂わせる。

選択、決断を下す時、常に迷わない、ブレない、怖じない、恐れない心が肝心なり。

第四章

世界を創造せし者

（二〇一一年　十一月）

The Door Has Been Opened

人類は一人残らず平等に、神より「選択の自由」を与えられている。この「選択の自由」ほど有り難く尊く素晴らしいものはない。だが、この自らに与えられた特権「選択の自由」を人任せにしてしまっている人たちが何と多いことか。

本来、人類一人一人は、自らの選択、決断、決行によって自らの人生を創造していくものである。が、多くの人は、自分で何を選択してよいか皆目判らずに、本人が意識するしないにかかわらず、「人と同じことをしていれば間違いはない」と思い込み、信じ込んでしまっているのである。

人類は長い間、依存の人生を歩みつづけてきた。神に依存しお金に依存し物に依存し薬に依存し保険に依存し……さらには聖者や賢者、そして宗教家や専門家に依存し、その上、医者に政治家に経営者に依存しつづけている。現在において最も劣悪なのは、戦争を継続させるために、また新たに戦争を起こすために武器に依存し核兵器に依存し武器経済に依存しつづけていることである。

日本でも三月十一日の東日本大震災において、福島原子力発電所の事故に見舞われ、多くの人が放射能の不安におびえているにもかかわらず、今もなお原発に依存しようとする人々も存在する有様である。

人類はいつから自らの内に存在する無限なる宝庫に目を向けることを止め、他に依存するようになってしまったのか。人類の多くは、天から授かった無限なる能力に気づきさえせず、自らの生命の尊厳を無視しつづけてしまっている。自らの内に存在する無限なる叡智、可能性、創造力、治癒力に対して全く無頓着でありつづける。そのため本来の生命力をどんどん失ってゆく。どんどん錆びつかせてゆく。何ともったいないことか!!

どんな能力も、自らが使いこなさなければ、発揮できないのである。ただ眠らせていたままでは、余りにも口惜しい。もったいない。そのままでは無駄骨の多い人生、苦難の多い人生となるのは目に見えて明らかである。

人類の多くは、日常生活を漫然としか生きてはいないのである。自らの無知により、マイナスの人生を常に自分に引きつけているのに、そうした生き方に疑問を発する人はほとんど誰もいない。来る日も来る日も当たり前のようにマンネリ化した思い込みの人生を歩みつづけている。自らにこれでよいのか？　と問いかける意識がなく、苦しみや悲しみ、怒りや悩み、病気や事故などが急に襲いかかってくると、毅然として受け入れることが出来ない。予想外のことが生じると、一人では何も対処することが出来ないし、自己責任さえも取れない始末である。要するに無能力状態なのである。長い間、依存の生活から抜け出せなかった結果、人は「自分の責任において物事を毅然として決める」ことが出来なくなってしまったのである。

これではせっかく今生に生まれてきても、真の人生を生き切っているとは言えない。なぜなら人生とは本来、自らの自由意志によって決めてゆくものだからである。依存した人たちにとって、真の自由はないに等しいのである。

依存する人々の人生とは、ただ運命に翻弄される人生なのだ。それは生き方そのものが、他の人の人生の物まねだからである。人が決めることを由《よし》として生きているからである。これではいくつになっても自らの人生に対して自信も確信も持てない、うつろな人任せの日々が続いてゆく。

善きにつけ悪しきにつけ、自らの人生を創造してゆくのはこの自分自身以外にない、自分自身そのものであるという真理が認識されていないならば、混沌とした運命の流れに沿って生きるしかないであろう。だからこそ、神や他者に願いを託し、自分の人生の行方を決めてもらう以外に救いの手だてはないと思い込んでしまうのである。自立できずに相手から答えを得ようとしてしまうのである。

自問自答は　神と自分をつなぐ鍵

人は人生のプロセスにおいて、常に自問自答しつづけてゆくことが望ましい。「自分とは何者か？」「自分の存在価値とは？」「運命とは？」「人生とは？」「幸福とは？」「神とは？」……。これら原点の問いかけを起点として、人生の途上にて生じる種々さまざまな現象に対しても、その都度自問自答しつづける習慣を付けることがよいのである。

「何のための苦難？」「何のための病気？」「何のためのリストラ？」「どうしたら乗り越えられる？」「解決は可能か？」「大丈夫か？」……。これら自らの問いかけに対して、自らの答えはなかなか得られない。得られないからこそ次のステップへとつながることが出来るのである。

そのためにも真理の書を繙《ひもと》き、自らの疑問に対する答えを見出してゆくことである。それから次のステップとして、祈りの実践、消えてゆく姿の実践へと導かれてゆくのである。

こうした作業を繰り返すことによって、自分が今まで見落としてきたことに気づいたり、目覚めたり、ハッと直観したりして、人生の方向転換がなされてゆくのである。このような自問自答こそ、人生好転の鍵なのである。

真剣に祈りつつ、自問自答を繰り返すうちに、背後の守護霊、守護神に直結し、いつしか素晴らしい答えを手にすることが出来るのである。実際に守護神の声が聞こえなくても、自分が今置かれている状況や環境、そして周りの人を介して答えがやってくるのである。

要するに、自問自答とは、目に見えない背後の守護霊、守護神と、祈りの波動を通して一つに結ばれてゆく方法なのである。かつまた問いを発した瞬間、今まで自らが固く閉ざしたまま放置していた内なる宝庫の扉の鍵を開け放ったことになるのである。その時、誰にも必ず天より与えられし無限なる能力や可能性が、自らの心に自然に流れ入るのである。そして今までかたくなに沈黙していた無限なる宝（無限なる愛、赦し、光、パワー、エネルギー、能力、可能性、成功、成就……）が自らの前に突如として現われるのである。自らの問いに対する真理の答えが、自分に向かって飛び込んでくるのである。そしてよりよき人生へと導かれてゆくのである。

神人は自立した生き方の人々

人生途上における種々さまざまなる自問自答――これらは、一般の方々のための一つのツール（道具）であり、彼らが宇宙神と直結できる手だてである。そのため、初心者の方や一般の方は、まず五井先生の提唱された「消えてゆく姿で世界平和の祈り」[注12]を理解し、祈ることを通して、忘れ去ってしまった究極の真理「我即神也」の記憶を蘇らせるとよい。それは真の幸せを手に入れるために必要なプロセスである。

初心者や一般の方々にとっては、自問自答こそが自らの運命転換のツールであるし、それこそが自立への道でもある。なぜなら「呼吸法」にしろ、「印」にしろ、「消えてゆく姿で世界平和の祈り」にしろ、深く真理が理解されていなくとも、形の上や人まねで出来ることは出来るが、しかしそれでは内なる無限なる宝庫を使いこなすことは出来ないからである。

この祈り、印、呼吸法を何千回、何万回、何億回と繰り返し繰り返し行なうことによって、決して理屈ではなく、知識ではなく、言葉ではなく、ただただ自らの本心、即ち宇宙神の光の一筋としての自分「我即神也」から光、叡智、直観、声が響いてくるのである。ここに至るまでには、いかに真摯に祈り、印を組みつづけるかが問われるのである。結果はそれに比例して現われる。

要するに、人は十人十色、千差万別であり、みな同じ人間でありながら、思考や体験、生き方が異なるのである。数十回、数百回の印で究極の真理に直結できる人も存在すれば、数十万回、数億回の印を経て真理につながる人もいる。あるいは生涯を通して真理を得られない人もいる。この差は何か？　この問いに対する一般的な答えは、過去の因縁によるもの、ということになるであろう。

さらに言えば、他に依存せず、自立した生き方が出来るか否かである。それが出来る人々――それこそ過去世から崇高な人生を生き抜き、陰徳を積み上げてきた、善因、神縁の深い人々なのである。

だが現実は、そのような人は世界を見回してもごくごく稀である。全人類の〇、〇一パーセントにも満たない。このような人々が全体の十パーセント、いや一パーセント存在していたならば、この世の中はどうなっていたか。戦争が起きたか？　飢餓や病気が発生したか？　環境破壊が生じたか？……すべてＮＯである。人類の大半の人々が、その脳の記憶から究極の真理を忘れ去ったために、二十世紀、人類が滅亡の危機に陥ったのではないか――。

さて、二十一世紀、地球破壊、人類滅亡の危機を塗り替えてゆかねばならない。

自分で自分の存在を認める

ここで私が強く人類に言えることは、自分および自分の周りに生ずるいかなるマイナスの状況、環境、出来事、そして人々との関係など……それらのレベルを少しでも高めたいと思うならば、心を現象面に奪われることなく、把われることなく、自らの意識そのものを高め上げればよい、ということである。即ち自らの存在価値を自らが大いに認めてあげればよいのである。それだけでよい。それのみである。決して自分の存在価値を自分自身で貶《おとし》めてはならない。

この広い地球上に自分が誕生できたことは、まさに奇蹟であることを知らねばならない。自らの魂が肉体をもって今生に誕生できる確率は、十億分の一に匹敵するのである。それほど強く希望し、熱望し、高い目標意識を持って、地上の両親、国を選んで、今ここに誕生してきたのである。残りの九億九千九百九十九万九千九百九十九人の魂の願望を振り切って、自ら選択・決断・決行して誕生してきているのである。

言い換えれば、あなたは残りの魂の願望をも担って今生に誕生した尊い尊い生命なのである。あなたは多くの魂の望みの中から勝ち抜いて誕生できた偉大なる魂なのである。そしてこの広い地球にあなたは二人として存在しないのである。あなたのみである。その尊い自分自身を取るに足らない存在であり、意味がないなどと思ったならとんでもないことである。大間違いである。誕生できなかった多くの魂に申し訳ないことである。それ以上に、自らの肉体誕生を背後にて常に守り導いてくださっておられる守護霊様、守護神様に対して無礼であろう。

地上に誕生しているいかなる魂も、自分と同じように尊いのである。すべての魂は完璧なのである。が、多くの人々はそう思ってはいない。いや思えないのである。それは自分自身を信じられないからである。信じていないからである。そもそも初めから自分自身にレッテルを貼って生きているからである。

人類はみな総じて物事の真意にレッテルを貼って生きてしまっている。レッテルを貼ることによって自分を生きやすくしているのである。

だが、真実存在するのは真理のみ。究極の真理以外に何もない。この世の中には善も悪も正も邪も高も低も勝も敗も美も醜も存在しない。それらの観念は、人間の思考が勝手に造り出しているだけなのである。あくまでも人それぞれの相対的なものの見方にすぎないのである。

本来は、すべて光そのものである。光のみである。即ち人類は一人残らず光なのである。悪でもなければ、敗者でもなければ、役立たずでもなければ、取るに足らない小さな存在でもない。光そのものの人なのである。

気づきを促すメッセンジャー

人はみな愛がなければ生きてはゆかれない。自分を愛し人を愛することによって初めて、人と人との関係が調和し、うまくゆくのである。素晴らしい関係は愛の高さ、深さ、大きさに由来する。自分がどのくらい自らを、そして人を愛しているか。それにより、自らの状況や環境、そして人々との関係は構築されてゆくのである。

ゆえに自分自身を取り巻く環境にいかなる人がいようと、かつまた自分に連なる大勢の人々が関係していようとも、究極的には自分の目の前に生ずるいかなる出来事も現象も、決して他ではなく自分自身のために現われた、自分自身の出来事そのものなのである。自分とその意識の問題である。未だ自分に憎む心があった。嫉妬する心が潜んでいた。怒る想い、妬む想い、争う想いがあったことを、自分が出会う人々を通して知らされるのである。決して出会った人そのものが憎い相手でもなければ、怒りや憤りの根源でもなければ、悩みの原因でもない。彼らの存在は、自分自身の生き方を変えるためのメッセンジャーなのである。導き手なのである。それを即、自分の悩みや憤りの元凶とレッテルを貼って考えるのは愚かなことである。

今や人類のほとんどが自分自身はもちろんのこと、自分の家族や友人、そして他人を、同じ人間として心から信じられないでいる。常に人類一人一人のマイナスの想念がつくり上げたマイナスの現象を信じて生きてしまっているのである。人類が信じられるのは、愛でも赦しでも幸せでもない。平和でも健康でも至福でもない。人類の信じるもの、いや生きる目的そのものが他と競い合う、他より勝る、他を見下す、他を突き落とす……という相対的なことに向けられているのである。そこに人生の意義を見出すから、人類の悲劇がもたらされるのである。

すべての人は現象の創造者

この世界は、我々人類個々人の誤った「思考」そして誤った「信念」から成り立っていることは言うまでもない。そして大変残念ながら、この状況は子孫代々にまで受け継がれようとしている。この人類がつくり上げてきた錯覚の信念を、今こそ打ち破らなければならない。

我々の人生において生ずるあらゆる現象、即ち貧困、紛争、戦争、飢餓、病、対立、差別、災難など……。我々は、これらのすべての出来事の犠牲者でもなければ、被害者でもない。人類一人一人が、我々自身が、それらの現象の創造者なのである。

その原点を誰も判ってはいない。人類総じてみなこれらの現象の被害者、または犠牲者と思い込んでいる。そう信じ切っている。が、これは大いなる錯覚である。これらの現象はすべて人類一人一人の誤った思考、誤った信念および低次元意識、即ち自我欲望から生み出され、創造されていっていることに気づいていないのである。

人類は誤った思考で誤った信念を現実に降ろしつづけ、形にしつづけているのである。要するに、人類は自らの無知により、自分自身で問題や障害を造り出しておきながら、自分が造り出した問題や障害の解決のために自らの生命エネルギーを使い果たしてしまっているのである。これでは戦争も飢餓も貧困もあらゆるマイナスの現象も……この世からなくなることはない。このまま放置していたならば地球人類は破滅である。そのためには人類一人一人が総責任を担わなければならない。人類一人一人が自分自身に責任を果たさせるよう強いてゆかねばならないのである。

二十一世紀初頭、世界全体に大浄化の嵐が吹き荒れる。これは天のご計画である。人類は自らが発しつづけてきた誤った思考、信念、即ち不運のエネルギーにより、自らに不幸を招き入れてしまったのである。即ち犠牲者でも被害者でもない。すべての人がその元凶をつくり出している創造者なのである。

これからは、これらの誤った思考、信念を覆し、新たなる究極の真理を発しつづけてゆくのである。宇宙神より発する究極の真理、即ち大光明エネルギーは、世界平和を構築して、人類一人一人に幸運、平和を招き入れてゆくのである。世界の先陣を切ってこれを主導してゆくのが神人たちである。

いよいよ我々神人の時は来たのである。全人類に神人の天命を知らしめてゆくのである。そのためには、自らの心が常に平安で調和し平和でなければならない。

そしていかなることが生じようとも決して慌てず騒がず恐れず、神人の信念を世に実践をもって示してゆくのである。

第4章
世界を創造せし者

人間の自由への欲求は果てしなく強い。ただし、自由の中にも種々さまざまなる制約が存在する。選択の自由こそ唯一、人類に与えられた制約のない真の自由である。

人が歩んでゆく人生の道すじで常に与えられている選択権。その自由なる選択によって人生が導かれてゆく。

自分の運命を最初から最後まで決定してゆくのは、自らの自由意志だけである。

たとえ神でさえも、自分が選択、決断、決定を下したことに関しては、決して介入は出来ない。

人間はこの世に誕生した以上、あらゆる試練、困難、苦悩、悲惨さに直面する。この時ほとんどの人は、これらに対して悪感情を抱き、神の罰であるとか、何かよくないことの前兆だと考えてしまう。だがしかし、自分の身に起こるいかなることにも、悪いことは何一つない。すべては魂が成長してゆくために計画されている人生の必然的な過程にすぎない。

存在する者はすべて深い意味があり、起こることはすべてよくなるための現象である。

世の中に無用なものや無駄なものは一つもない。失敗も、無駄骨も、遠回りも、やり直しも、みな必要な体験なのだ。

あらゆることに人生の意味がある。無駄な生き方というものはない。

善い結果であれ、悪い結果であれ、経験こそがすべてを上回る。

目前の小事の中にも神の大いなる意志が宿っている。

自分に起こる現象（出来事）のレベルを高めたいのなら、自分の意識（愛の大きさ、深さ、高さ）を高めればよい。

自らの心が上昇するに従って、魂の秀れた人々に出会えるチャンスに恵まれる。

時の運も、素晴らしき人との出会いも、自らがそれ相応の意識レベルに達した時、それは生じる。

自分の心の中がすべて調った時に、一番必要としていた物や望み通りの人が目の前に現われる。

人生において学ぶべき準備がすべて万端整った時、答えが示される。答えのほうから飛び込んできてくれる。

人間は一生のうち、逢うべき人には必ず会えるよう人生に編み込まれている。

感情想念の法則。それは、同じものは引き合う、違うものはぶつかり合うということである。

我々は常に自分の心のレベルと同じレベルの人間や経験を引き寄せているのである。ゆえに自分の心と自分の人生上に生じてくるあらゆる出来事とのつながりを知らずして生きることは無知である。

心のスクリーンに映し出される喜怒哀楽を避けてはならない。静止して受容することだ。そして一心に祈りに入れることだ。

自分にとって最も大切なことは、自分自身の身の回りで起こっていることではなく、自分自身の内部で起こっていることである。（真理の目覚め）

自分自身の痛みや悲しみ、苦しみや喜びは、外界から直接受け取るのではなく、自分自身の内から発するものである。

相手がどんな人であっても、その人と直接関わってゆくのは、自分自身の心である。

あらゆる批評、非難、批判に打ち砕かれるのではなく、それらに打ち勝ってゆく真の力を養うことだ。そしてさらに次のステップとして、それらのことに何ら一切関知しないことだ。

己への迷いを断つためには、人のことを気にしないことだ。

嫉妬とは、他の人たちに対しての妬みと解釈されているが、本来はありのままの自分を受け入れられずにいるその自分に対する不満である。まず初めに自分自身を愛する必要がある。それが出来てこそ初めて他人の愛に目を向けることが出来るのだ。

真の愛とは、そこに一切の差別感なく、常に一体感に裏打ちされている行為である。

さらに崇高なる愛、神々しい愛とは、いかなる人の上にも神そのものを見、その人（善人悪人にかかわらず）の上に生じた現象を見ず、内在せる神意識を呼び覚めさせてゆく行為である。

神人とは、言葉で真理を語ることなく、限りなき愛と祈りの行為をもって、自らに神を顕現させてゆくもの。

いかなる現象をも、すべて一切を祝福し感謝できたならば、神人そのものである。

何でも素直に感謝できる人は心の強い人である。

自分の前に現われる人は、たとえいかなる人であろうとも、皆人生の師である。

自らが自らを導き、自らが自らの師となり、自らが自らを喜ばせ、自らが自らを幸せにする。それこそ真理の道である。

第4章
世界を創造せし者

人に忘れられている時こそが自分を磨き高め上げるチャンスである。

一瞬一瞬に真心と愛を込めて生きてみよう。すべての状況が輝いてくる。

不平不満を良しとしていると、一生涯不平不満の人生を歩むことになる。分不相応な考えをせず、今ここに置かれた立場、環境で自分の出来ることに最善を尽くして生きることである。

個々のいかなる消えてゆく姿をも価値あるものと見られるようになれば、真理の人である。

否定的感情想念は、自らの生命エネルギーを吸いとりながら放たれてゆく。それによって、自らの肉体は衰弱し、体力は衰えてゆく。

失敗や病気という逆境は、自分の心の虚像であって実像ではない。

人生に突然立ちふさがる変化を決して恐れることはない。変化はよりよい選択、決断を自らに強いる絶好のチャンスである。

そこに愛があれば、何事も乗り越えることが出来る。

無条件の愛、無私の愛、これを学び理解し、気づくことが人生最大の目的である。

人間は、自分は真実の自分を知らないということに気が付いたら大したものだ。

あなたが探しているものは、真のあなたである。

常に自分自身でいられるように、自分を慈しみ、自分を大切に扱うことである。

大いなる慈愛をもって自分自身を慈しみなさい。

自らを尊び、ほめたたえよ。

自分自身に感謝を捧げよ。

自分自身に対して喜びを与え、幸せを与え、感謝を与えることは、同時に相手にも喜び、幸せ、感謝を与えていることになる。

人生の目的は「何をするか」ではなく、「自分は一体何者なのか」を探求しつづけることである。

答えはいつも自分の中にある。

人間は誰しも自分自身そのものを、本当に知りたい、理解したいと欲するならば、必ず自分の内なる魂の声（真理）が聞こえてくるものである。

自分を深く見つめ、その心を調えれば、内なる神のメッセージが自分の中から湧いてくる。

人間は誰しも、大自然の調和、美しさ、素晴らしさ、見事さに感動する。だが、それよりももっともっと比較にならないほど偉大で完璧で美しいのは人間（我即神也）そのものである。

あなたは今、神になろうとしているのではない。あなたは、もともと神なのだ。

今、あなたが求めているものを与えられようとしているのではない。もうすでに与えられているのだ。必要なのは、それを知ることだ。真理に目覚めることだ。

人生には偉大も卑小もありはしない。すべては神人に至るまでのプロセスである。

何人《なんぴと》も他のいかなる者と比較してはならない。かえって他の者と等しくあるな。その代わり、何人も神そのものと等しくあれ――。我即神也。

人間は本来、自分を褒め讃えた通りの自分になるし、また、心の描いた通りの自分になることが出来る――我即神也。

内なる神性が現われれば、自らの欲するものは何でもすでに手許にあることに気づく。

多くの人々は、変化は外側から起こると思い込んでいるが、変化は人類一人一人の内側より起こるのである。

人は自らの運命の主人である。

あなた自身が自らの体験の創造者である。

人類はみな、一人一人が偉大な創造者で、自分自身を創造しつづける。

考えることは創造することである。あなたは想像し、創造したものになる。

我々はあらゆる瞬間の現実を意識的に創造している。

自分の創造力を信じること。それは自分の内にある。

第4章
世界を創造せし者

人類はみな一人残らず無限なる叡智の宝庫を内在して生まれてきている。

我々が神より相続した財産は、無限なるものすべてである。
無限なる叡智、愛、能力、真理、神癒……。

人生を変えることに努力するのではなく、自分を変えることに努力すれば、人生は自然に変わってゆくものである。

自分に困難が生じるのは、他に期待し過ぎているからである。内なる力を信じ、自分自身に期待すべきである。

もっと自分を自由にさせたい、完成させたい、立派にさせたい。その欲求こそ魂の叫びである。

自分に打ち克つ人は、決して他人を負かしはしない。

人は落ち込んでいる時、とめどなく思考を繰り返し、一切行動をしようとしない。落ち込んでいる時こそ自分に出来る小さな愛を即行動に移すことだ。すると道は開けてくる。

人は情熱も徳行も感嘆もないまま、一年一年を過ごしていても、ふとした原因や動機によって真理に目覚め、人生が一変するものである。焦ることはない。

第4章
世界を創造せし者

自分の心を真理に沿って自由自在に扱えるようになれば大したものである。

人は誰でも偉大なる可能性を秘めて生かされている。

それが誰であれ、何であれ、今この瞬間、無限なる可能性に取り囲まれている。

現在という時を決して無駄にしてはならない。自らの創造のために使うべきだ。

人生は初めから終わりまで、創造のプロセスである。

自分は無限なる可能性を持っているのだと、その真理を信じている自分をさらに強く信じつづけること。

あなたの人生は、常にあなたが主役である。

意志は、すべての行為の源である。

人はみな、自らの状況や環境の原因を、自らの想念によって創り出しているのである。

今の環境に反抗するのをやめ、自らに内在せる可能性を引き出してゆくことである。

自分の力量以上の人間になろうと努力するな。そうではなく、内在している潜在能力を引き出すことに努力するのだ。

自分の可能性を百パーセント信じつづけること。

逆境にあってこそ、決して他に依存してはならない。それは自らの内なる神に、そして無限なる可能性に目覚める千載一遇のチャンスである。

人は目の前に現われた険しい道を見るのではなく、その延長線上に必ず見え隠れしている希望と光に満ちた道を目指して歩むべきである。

人間には本来、限界などない。自分が限界だと思った時、それは限界となる。

〝不可能〟とは、願望と現実との境界線を、自らが引くことである。

誰にでも、奇跡を起こす力が潜んでいる。

常に光明なる行動を為せば、輝かしい人生が創造されてゆく。

第4章
世界を創造せし者

あなたは何事も乗り越えられる。

運命は、すべて自分の選択、決断、決定のみにかかっている。

人間の真の喜びは、自立にあって依存にはない。

他に依存すればするほど、自らの平安、幸せは遠のいてゆく。

人は、健康を害し、自信を失えば失うほど、自立心の代わりに物質や人に依存するようになる。

世の中が便利になればなるほど、人間の創造力を発揮する場は失われてゆく。

人類の未来は、もうこれ以上人や物に依存するのではなく、内なる無限なる資源を発掘することにこそ価値がある。

悩みの答えを常に外に求めてきた習慣を断ち切ることによって、初めて自立することが出来る。

人は人と比べるから苦しいのだ。

自分が自分の人生の主人公であることを忘れるな。人生とは決して人真似ではない。

自分が自分であることに誇りを持たなければならない。

もうこれ以上、自分自身を批判するのを止めなさい。批判した通りの自分が再び現われるだけだ。

思いやり、感謝、優しさは人間の本性。

自分を変えてゆくのは、死ぬ瞬間でさえも遅くはない。

人は必ず死ぬが、自分が語った真理の言葉は永遠に生きる。

人はいかなる人も、宇宙神より祝福された存在そのものである。

世界人類一人一人はみな神から望まれてこの世に誕生している尊い生命なのである。

人類は一人残らず生きる価値がある。存在する価値がある。幸せになる価値がある。

第4章
世界を創造せし者

この世に二人として同じ人間は存在しない。ゆえにいかなる人といえども自分が唯一無二の存在であることを誇りに思わねばならない。

いかなる人といえども人はみな、天から無限なる能力と可能性を授かって生まれてきている。

才能というものは、努力して習得するものではない。
誰もが持って生まれた天性のものである。
自らが認めた時、それは開花する。

誰もが何でも好きなことを自由に選ぶ権利を持っているのに、自分自身でそれを制限してしまっている。

人類はみな例外なく自由意志を与えられている。そして、善くも悪くも
自分が意識した人生を創り出してゆく。
自分自身が自らの人生における重要な意志決定者である。

第五章

ドアは見事に開かれた

――〝不可能〟から〝大成就〟の世界へ

（二〇一一年　七月）

The Door Has Been Opened

「千年に一度」という未曾有《みぞう》の大震災が東北地方に発生してから、早くも四ヵ月が経とうとしている。未だに、被災された多くの方々は、未来に何一つの希望もなく、不安やとまどい、不信感を抱いて生きている。世界各国各地からはたくさんの寄付金や物資、愛や励ましが届いた。そして国内外を問わず大勢のボランティアが駆けつけ、支えてきた。しかし、その尊く価値ある愛は、被災者一人一人の心の中に確実に届けられてはいない。

日本国中の誰もが一度も体験したことのなかった大惨事に際し、一体、我々一人一人に何が出来るというのであろうか。

今、確かに求められているものは、切実なる変化である。希望である。被災者にとって、まさにそれこそが強く望まれているのである。

このまま同じ道を辿りつづけてはならない。否、むしろ、同じ道を進みつづけることは、もう出来ない。

これから先に何が起きるかは、物事が起きてからしか判らないものである。大自然はあまりにも強大で、人類の力では決して打ち勝つことが出来ない。そのため、我々の想像をはるかに超えた大自然界のシステムに決して翻弄《ほんろう》されず、生き抜く叡智が我々には必要とされる。

だからこそ、人類一人一人が自然に感謝することが大事なのである。感謝しつづけていると、本来の叡智と直観力が目覚め、自然に大自然の働きや動きに敏感になる。それはいかなる進化創造を遂げた発明機械にも決して劣らぬものである。

むしろ、人類一人一人がそれぞれの確かな直観力、叡智を限りなく研ぎすますことになれば、いかなることが生じようとも乗り越えることが出来るし、逆にそうならなければ、人類はまたもや大自然界の破壊作用に対して無力感を覚え、宿命論に陥らなくてはならないであろう。

人類は、大自然と共生してゆくことこそが尊いのである。日本人の先祖はみな、そのようにして生きてきたのである。今こそ人類一人一人は飽くなき欲望、自分さえよければよいという利己的な考え方を捨てるべきである。そして大自然に感謝するとともに、自分の求めるものを慎み、少しでも他のために自分を捧げ、他のために役立つ生き方に切り替えてゆかねばならない。それが今後の人類に課せられた生き方である。

人類が大自然界の一部になってこそ、平安と調和を生み出してゆけるのである。そのためにも、まず自分自身が率先して変わりはじめることである。すると周りも自然に変わるのである。

自分自身が変わる勇気が必要である。自分一人の小さな存在で何が出来るかではなく、自分が自然界の一部となり、自然界の営みに敏感になれば、自然界のほうからいろいろと教えてくれるものなのである。それを謙虚に学びつづけ、大自然界に感謝しつづけることである。

限りある地下資源を自国のため、自分のためにむさぼり、掘り崩して使い切ってゆくのではなく、子々孫々に譲り渡し、残してゆこうとする長い目を持って生きることが大切である。一番いけないのは、何もしないで不平不満ばかりを言いつづけ、傍観者でいつづける人々である。

予測不可能などあり得ない

いかなる小さな人間といえども、無限なる可能性があるのである。この自らの無限なる可能性に目覚め、気づかなければならない。ただ無関心な傍観者に徹して、何も考えず、何も行動を起こさない人々は、未来に対して希望もなく、ただただ不平不満ばかりを挙げ連ねる。そういった人々の未来は暗く、ネガティブな人生しか創造できないのである。

人類一人一人は、自分の人生に生じるあらゆる出来事や、未曾有の災害に対してさえも、他に依存せず、自分自身の力で変容してゆけるだけの大いなる志が必要である。

人類一人一人がこれまでと変わらず、変容がなされないままならば、予測不可能な出来事に対しては全く無力であろう。しかし変容がなされれば、予測不可能な現象など生じ得ないのである。なぜなら、自らの無限なる直観力が開き、鋭敏になり、これから生じるであろう諸々の出来事や天変地変を察知できるようになるからである。

いつも申し上げていることであるが、人類一人一人は決して自らの人生を神や聖者や賢者、そして時の大統領や政府、それぞれの分野で名を馳せたエキスパートに預けてはならないし、依存してもならない。彼らの命令を待っていては、何事も遅くなってしまう。

そのためにも、人類は一人残らず真理を勉強することである。真理は、宇宙神の法則そのものだからである。その使命を一人一人が果たさなければならない。

使命感があるからこそ、自らを鼓舞し、人々を導くことが出来るのである。

真理を知ること、学ぶこと、思考すること、行動することが少しでも理解できれば神人の道に入ったと言えよう。さらに神人の道を歩むことによって、自分自身もどんどん変化していることに気づき、確信が付いてくる。そうすると、いかなることが生じようとも、他に頼らず、自らが自らを導き、守ることが出来るようになる。新しい状況や危機に際しても、的確に判断が下せるようになるのである。

究極の真理のみを我が身に修め、心にはびこる余計な雑草を引き抜き、そして新しいドアを開くために、自らを極めてゆく。

その点、神人たちは見事である。今回の未曾有の大震災においても、その瞬間、即祈り、印を組み、言霊で〝絶対大丈夫〟〝不可能はない〟〝大成就〟と断言できたという。その方々は全員、たとえ家屋が全壊または半壊し、水に浸かろうとも、命が救われたことに感謝をしているのである。その尊い体験こそが、その確固たる信念こそが、これからの人類の神性復活に対して大いなる貢献を為してゆくものである。

普段の繰り返し、繰り返し、繰り返しの訓練、練習ほど尊いものはない。同じ被害を被ったとしても、果因説によるポジティブな生き方を習慣としている人は、その後の人生にマイナスの現象を引き起こすことは決してない。なぜならその人のポジティブなひびきに共鳴し、大いなる力、大いなる叡智、大いなる物質がその人に与えられるため、以前よりももっと快適なる生活が復活するのである。

これからの人類一人一人は、自らの可能性、無限なる能力に目覚めるべきなのである。いかなることが生じても即、〝大丈夫〟というポジティブな思考、決断、決定がなされれば、そのポジティブな言動に導かれるようにして、自らが自らを救ってゆくことになるのである。

神人の生き方が平和の型となる

これからは、神人の生き方を目の前にてまざまざと見せつけられた人々が、その大光明真理の生き方に同調するようになる。神人は、世の中にポジティブな果因説の流れを創り出してゆく使命があるのである。

そして未だに保守的で、変容したくとも出来ずにいる現状維持派の人々との心の橋渡しになってゆくのである。それにより、世界は自然にそして急速に、誰もが想像すらしなかった展開を迎えるのである。

世界は未だに混沌としている。これは大自然だけの問題ではない。人類、国家、社会、組織、家族内でも予期せぬことの連続である。その状況にあって、神人はみな平安で調和して、しかも人類の平和を祈りつづけているのである。考えてみれば何とすごいことか！

これからは世界中の人々が神人に魅きつけられ、神人の生き方に同調してゆく。

積極的に声を大にして真理を説かずとも、神人がただそこに存在しているだけで、世界人類のほうから神人を見つけ出し、教えを請う時代となってゆく。何と偉大なことか！　何と素晴らしいことか！　これは言葉で説明しても判らない。また、理屈でもない。自然に宇宙神のほうから、神人を人類の指導者として推してきているからである。

我々神人は、果因説の場、ポジティブエネルギーの場をどんどん創りつづけている聖なる群団である。そして、それらの場は日本をはじめ各国各地に創造されつづけている。例えばＳＯＰＰ[注16]も然り。富士聖地でＳＯＰＰが開催される日は、我々の想像をはるかに超えた人々、この七年間で延べ百数十万もの人々が、各国各地で祈りを捧げているのである。

人類に希望を与え、歴史を変える時は、もうすぐそこに迫っている。その時が来ているのである。二〇一五年、富士聖地に世の中を変えようとする神聖なる人々が集い、二十一世紀の〝宇宙憲章[注17]〟を創り上げるのである。

それは神の憲章とでも言うべきか……。真理に目覚めた人類はこぞって神人の神聖さと大光明の渦巻きの流れの中に飛び込み、同時に未だ目覚めぬ他の人々をも、その流れの中に巻き込んでゆくのである。

実のところ、神人たちも初めから「自分が世界を変えてゆくのだ」という大使命感に裏打ちされて、日々祈っていたのではなかった。祈りや印も、個人レベルのものとして謙虚に受け止めて、祈りや印を通して自らが向上し、大きく変わってゆくことのみに集中していた。それがある日突然、大きな大きな宇宙神の力と結びつき、ドアは見事に開かれていったのである。神人は、歴史が変わるその瞬間、適切な時に適切な場所に居合わせるよう、今生に誕生してきていたのである。

ドアが開かれたことにより、人類の多くは、最初は半信半疑であったのが次第に真理に目覚めはじめ、自らの意志でもって、そのドアから一歩踏み出し、ついに神界の大計画を垣間見るのである。

今まで人類の前には〝不可能〟という大きな壁が立ちはだかり、人類は自らの存在を価値がないものと思い込み、信じ込んでいた。が、これからは全く異なる世界が現われるのだ。

それは今しかない。今こそ起ち上がる時だ。今、起ち上がらなくていつ起つというのだ。

ここで言う〝今〟とは、確実に今この瞬間なのである。今の時代に諦めたら、次の世代は一体どうなるのか。我々が祈りや印、言霊で自らの神性を発揮し、人類に示すその時が来たのである。それは、説教や訓示で示すのではない。自らの光り輝いた存在そのもので示すのである。

誰だ、声を張り上げて説教するものは……。説教は人々の魂には触れない。黙々と祈りつづけてこそ「人が自分を見て、吾は神を見た、と思わず思わせるだけの自分を磨き高め上げ、神そのものとなる」まさにその姿を示してゆくのである。

我々は、この日の来るまでずっと世界平和の祈りを祈ってきたではないか。人類が真理に目覚めるその時まで印を組みつづけてきたではないか。そのための我々の使命ではなかったのか。今こそ、その成果を我々神人一人一人が受け取り、現わしてゆく時だ。その行為は、究極的には神人の名誉として、栄光として人類から賞讃されることになるのだ。

神人は今この瞬間、自らが確信している以前に、宇宙神の確信によって押し出されているようなものである。その使命感が、神人一人一人を突き動かしているのである。

だが、人類の多くは、その使命感が何たるものかも皆目判っていない。使命感はさまざまな形で、さまざまな人に降りてくるものだ。その中でも神人の使命感はとりわけ大いなる使命感である。それはまさに宇宙神の意志だからである。

その大使命感を自らが直観できるまでには、長期的な祈り、持続的な信念、自らを変えようとする意志、ポジティブな生き方を選択しつづける努力が必要である。有り難いことに神人たちの多くは、自らの使命感をそれほど絶体絶命的に感じているわけではなく、自然のプロセスのような状態にある。

「世の中のために働きたい。人のために役立ちたい。このような自分でも、何とかしたい。放っておけば人類は滅亡するかもしれない。大自然界は破壊し尽くされるかもしれない」という想い、状況が魂の琴線に触れた時に、神人としての使命感は湧き上がってくる。内容が伴わなければ真の使命感とは言えないのである。しかし、暴力反対、麻薬反対、宗教反対等……何かに反対というスローガンを掲げてゆくことは、お互いに対立を生み出すことになる。

我々の使命感は、世界人類が平和になることのみである。究極の真理とともに生きる喜びに多くの人々が目覚めるよう働きかけ、世界平和を創造してゆく。

神人の使命とは、神との共同使命なのである。このような歴史的瞬間に、我々神人は遭遇しているのである。そして人類の輝かしい未来を創造してゆくのである。

これは神人が決して偉いということではない。神人も以前は普通一般の人々と全く変わりなかった。ただし現在は、**善いことも悪いこともそれは誰の責任でもなく、自分の責任である**という真理そのものを熟知している。これこそ、神人と言われる所以である。そのために神人たちは日々、神を顕すために自分を磨き高め上げ、少しでも立派になろう、世界平和のために役立とう、と努力しているのである。

自らが心素直に清く、純粋に宇宙神のひびきと一つになることを心がけてゆけば、自らの前に現われてくるすべて一切のものは、神の大み心、大成就そのものなのである。ゆえに自分自身が立派になること以外に何もないのである。

神人とは、周囲の人々がそのように認めてくれるものであって、決して自分自らが声高に叫び、宣言するものではない。

白光においては、五井先生が認められた方々、さらには神[注18]人養成課題を完璧にクリアした方々を指すが、要するに、神人とは「今まさに生きている人々」と言えよう。ここで言う「生きている」とは、自らの生命がキラキラと光り輝いているということなのである。ダラダラと何の目的もなく、ただ何となく無目的に生活している人々のことではない。

　そういう意味で、神人は生命をかけて、心から祈り、印を組みつづけているのである。自分のことや枝葉のことは後回し……。

　今が一番大事な時、地球始まって以来、今ほど重要な時はない。

　神人は、人類を救う先達者なのである。そのための原点が世界平和の祈りと印である。

　神人は、自分たちが救われるのではなくて、自分たちが救いに立つのである。

いよいよ、リーダーのリーダーのリーダーとして神人が活躍する時が来たのだ。日本から世界の平和の象徴、平和の型を発信する時なのだ。神人の生き方こそ日本の平和の型そのものなのだ。

第５章
ドアは見事に開かれた

今ほど全人類一人一人の神性復活が求められている時はない。

人類はみな、自らの神性復活に向けて、過去の固定観念の言動思考、意識そのものをリセットしなおさなければならない。

人類に必要欠くべからざるものは、自意識ではなく神性意識のみ。

今生において人類一人一人に課せられたる義務とは、自らを神性なる者として認め、磨き高め上げてゆくことである。

人類は本来、地球を滅ぼすために存在しているのではなく、地球をよみがえらせるため、地球の進化と創造のために存在しているのである。

地球の環境汚染、環境破壊によって、たとえ多くの樹木が枯れ果て、倒れてしまったとしても、樹木の精霊が放つヴァイブレーションは、永遠に地球人類のために働きつづけてくれているのである。

すべて形あるものは光を発している。大地も、植物も、水も、岩も、いわんや人間においてをや。

人類にとって役立たない邪魔なものを破壊、排除、抹殺する代わりに、それらのものを生かし、それらのものと調和してゆく精神を持つことこそ、大事である。

第５章
ドアは見事に開かれた

すべての人類にまず何よりも伝えたいことは、自分の願望は成就できるということだ。なぜなら、そのためのすべてがすでに整っているからである。

これまで犯してきた過ちは、これから創造してゆくものに比べれば（我即神也）何の意味もない。

人生は、未来にあって過去にはない。過去に犯した過ちは、これから創造するものに比べれば、比較にならないほど価値がない。

「すべては完璧　欠けたるものなし　大成就」

この絶対なる光明の言霊を唱えれば唱えるほど、この法則は、自分を超えて周囲に拡大し、人類に発展してゆく。

幸福や名誉、繁栄や成功といった大いなる報いによって祝福されることがあっても、それは過去に蒔いた種子の結果に過ぎない。また不幸や悲惨、苦悩や挫折といった報いによって恐れられることがあっても、それも過去に蒔いた種子の結果に過ぎない。いずれも過去の因縁が消えればすべて終わりを告げるものである。それよりも今をいかに生きるかが最も大事なことである。何故ならば、今こそ未来の種を蒔いている瞬間だからである。

第5章
ドアは見事に開かれた

現在という瞬間はいつも未知なる可能性に満ちあふれている。

未知の要因が未知の結果につながる。ゆえに、徹底した果因説で生きるべきである。

いかなることも決して受け身にならず積極的に一歩前に進み出て、光明思想で生きるべきである。

言霊とは人に宿った神の言葉（ひびき）。

言葉は単なる物事を描写する道具ではない。
言葉は現実を生み出す力そのものである。

明るい未来を描きつづけ、この瞬間を生ききること。

絶対大丈夫、必ずよくなる、大成功、大成就、と強く思いつづけ、心に刻みつけることにより、思ったこと、刻みつけたことそのものが自分に引きつけられ、向こうから飛び込んでくる。

何事も為せば成るその無限なる能力が本来、私たちの体内に組み入れられている。

第５章
ドアは見事に開かれた

闇を恐れることはない。闇を照らす光になりなさい。

誤った情報、捏造された数字、歪められた真実に惑わされるな。

無駄な情報、必要のない知識を、いかに上手に取捨選択できるかがリーダーたる条件である。

我々の肉体を構成している一つ一つの細胞は、輝かしい予知能力を宿している。

テレパシーは、誰の中にも一〇〇パーセント存在している能力である。

人類は混迷の中に住していると思い込んでいるが、決してそうではない。いかなる人類も本来は真理の中に住しているのである。

人間はみな、いつか必ず死ぬように、人間はみな、いつか必ず神に至る。

人間にとって、自らの神性を否定しつづけるほど不幸な人生はない。

人には誰にも無限なる能力が備わっている。それを発揮する道は、自らを真に信じること以外にない。

第5章
ドアは見事に開かれた

世の風潮である固定観念や常識に惑わされずに、究極の真理に確信を持って生きている人々が神人たちである。

神人は、その定義や心得を知っているだけでは何にもならない。
それを貫いて自らの人生に顕現させてこそ真の神人である。

神人はみな内より徳がにじみ出るような大人物になる。

人は何事においても言葉で動かされてはならない。真理は言葉ではない。
説明ではない。説教でもない。ひたすら自らの崇高なる生き方だ。

人類に苦悩があるのは、すべて自らの神性が未だ発揮されていないからだ。

何事も見返りを求めず、まず無心で与えること。すると、忘れていてもその恩恵は必ず自分に戻ってくる。

不幸も不運も不健康も、すべての原因は自らのネガティブな思考にあり。神人はこれらすべてを超えて生きているからこそ、すべては完璧、欠けたるものなし、大成就の人生が来るのである。

常に生ずる仕事の不平や不満、不達成感などの膨大なエネルギーを、すべて自らの使命感に変換すれば、毎日希望が溢れてくる。

自らが自らの否定的想念によってつくり上げた牢獄から自由になるためには、神性復活しかない。

神性復活とは、他のいかなるものにも依存せず、自らの人生を自らの力で切り開いてゆくためのゴールデンキーである。

反戦ではなく非戦である。
いかなる理由があろうとも戦争はあってはならない。

究極の真理はすでに降ろされた。あとは人類一人一人の自由意志に任されている。

おわりに

世界は常に変化しつづけている。二十世紀に大いなる発展を遂げた物質文明は、人類に多大な貢献をもたらした一方で、人類は物質偏重の価値観や行き過ぎた経済至上主義により、目指すべき方向を見誤って進んでいるのが現状である。有限なるものを奪い合うことによって、そこに対立、差別、紛争、戦争が生じ、世界中がそれらの競争と淘汰《とうた》の原理に支配され、強者が弱者をなきものにしていった。二十一世紀に至ってもなお、その状況は変わらず、却って大激化する様相である。

私たちは今こそ地球の安寧《あんねい》、世界の平和、人類の幸せといった未来を見据え、一人一人が国境、人種、民族、宗教、主義主張を超え、自らの責任において地球上のさまざまな課題を人類共通の問題として真剣に捉え、自分には何が出来るかを考え、起ち上がる時に至っている。

まず私たちが考えねばならないことは、全人類平等に与えられている共通の価値とは何かである。常識で言うならば、「自由、平等、権利」であろう。そして私たちの多くはそれらを享受してきた。が、そのほとんどの人が自由、平等、権利を主張するばかりで、その結果や恩恵に値する個の責任を果たしてはこなかった。さらに、一人一人に「自らの生命の尊厳」と「他の生命に対する畏敬の念」が欠けてしまった。

自らの神聖なる精神と生命の尊厳を忘れ果て、他の生命に対する深い愛の念を失い、個我の自分さえよければいいという風潮が幅《はば》を利《き》かせてしまったのである。

この世にはびこりつづける対立、差別、戦争、紛争、無秩序、無規範、エゴ、どん欲……これら一切の根本原因は、すべて「他の生命に対する畏敬の念」の喪失である。

人類一人一人が自分に出来ることから一歩を踏み出した瞬間、対立から和解へ、どん欲から許し合いへ、差別から尊敬へ、戦争から平和へと世界は変わってゆくのである。

世界の平和は、人々の心の平和にかかっている。自分さえ平和で、幸せであればよいという時代ではなく、これからは自らの信条、人種、思考、宗教などの違いを超え、全人類すべてが心から喜んで受け入れることが出来る地球的憲章を確立すべき時が来たのである。

私たちが求める平和とは、「自らの生命の尊厳」「他の生命に対する畏敬の念」に満ちあふれた世界である。

今こそ一人一人が起ち上がり、個の欲望、どん欲を断ち切り、人類愛に立ち返り、積極的に地球の安寧、世界の平和、人類の幸せを構築すべき「神聖憲章（富士宣言）」に参加しようではないか。

私たちがこの全く新しい、否、人類の原点に立ち返り、後に続く未来世代の生命に影響を及ぼす生き方を築いてゆこうではないか。

我々人類の未来を後継する人々に輝かしい希望溢れる世界を手渡してゆこうで

はないか。

それは我々一人一人の選択にかかっている。決して負の遺産を残してはならない。

「神聖憲章（富士宣言）」に参加するとは「自らの生命の尊厳」と「他の生命に対する畏敬の念」を発露させ、愛と尊敬を全人類に与えることである。人類一人一人がチェンジメーカー（変革者）となって、人類一人一人に内在せる自らの神性を復活させ、真の平和を構築してゆくことである。それは自らの言葉、思考、行動を否定的なものから光明的なものへと変革してゆくことである。

神性意識は、私たち一人一人の生命の証である。そしてこの神性意識を通して、クリティカル・マス（臨界点）を起こし、真の世界平和を築いてゆこうではないか。それを可能にするのも不可能にするのも全人類一人一人の選択、決断、決定にかかっている。

もうこれ以上、負の遺産でもあるネガティブ思考、対立、怒り、どん欲、差別、紛争、戦争、飢餓、貧困、病を持続させてはならないのである。
それは私たち一人一人にかかっている。

注の参照　参考資料

注1　**神人**…神人とは、神性に目覚めた人（自分も人も本質は神であると自覚し、愛そのもの、調和そのものの想念行為の出来る人、または、そうなるよう努めている人）のこと。神人予備群とは、未だ神人となり得てはいないが、潜在的に神人となることが約束されている人々のこと。

注2　**世界平和の祈り**…白光真宏会創始者・五井昌久提唱の「世界平和の祈り」のこと。この祈りは、五井昌久と神界との約束事で、この祈りをするところに必ず救世の大光明が輝き、自分が救われるとともに、世界人類の光明化、大調和に絶大なる働きを為します。世界平和の祈りの全文は212頁をご覧ください。

注3　**印**…印には、さまざまな種類があります。著者が提唱した自己の神性を顕現させる「我即神也の印」と、人類に真理の目覚めを促す「人類即神也の印」は、国内外に広まり、多くの人々によって組まれています。この二つの印は、宇宙エネルギーを肉体に取り込むための、発声を伴った動作です。印の組み方は、白光真宏会のホームページ（http://www.byakko.or.jp/4_method/in.html）でご覧いただけます。

＊我即神也の印とは、自分を神にまで高める方法です。この印を組むことによって、宇宙根源のエネルギーを受け取ることが出来、自己変革が起こります。そして、自分が神であったことを思い出し、自分と人類と、大自然を含めたすべての存在が一つにつながっていることが実感できるようになります。

＊人類即神也の印とは、人類に真理（我即神也）の目覚めを促すために組む印です。この印を組むことによって、宇宙の根源のエネルギーが地球上に放射され、人類は真理に目覚めはじめます。

注4　**マンダラ**…マンダラには、さまざまな種類があります。著者が提唱した「宇宙神マンダラ」「地球世界感謝マンダラ」「光明思想マンダラ」は宇宙のエネルギーの発信源です。これらのマンダラを描くことによって、自分の希望する人生が創造できるようになります。また、人類に真理の

目覚めを促し、地球の大自然、生きとし生けるものをよみがえらせてゆきます。マンダラは白光真宏会のホームページ（http://www.byakko.or.jp/4_method/mandala.html）でご覧いただけます。

注5　**宇宙神**…宇宙に遍満する生命の原理、創造の原理である大神様のこと。絶対神。創造神。

注6　**光明思想**…何があっても必ずよくなることを信じ、内なる神性に根ざしたプラス思考に徹すること。光明思想徹底行とは、日常生活の中で、否定的な想いや言葉（ばか、のろま、くたばれ、間抜け、出来ない、難しい、無理だ、不可能だ…）を心に抱いたり、口に出したりした時に、即座に、光明思想の言葉を唱えるか、または、世界平和の祈り（「世界人類が平和でありますように」の一節だけでも構いません）を祈ることによって、打ち消す行のことであり、文章中では、（無限なる○○！）等と表記します。これを続けることによって、自己の心の中に潜んでいる否定的な想いが消えてゆき、やがて、その奥にある神性が顕現されてゆきます。（光明思想の言葉の例：無限なる愛、無限なるゆるし、無限なる調和、無限なる光、無限なる感謝、無限なる喜び……等、詳細は214頁をご覧ください）

注7　**我即神也**…我即神也とは、自分は本来、神そのものであるという真理。我即神也の真理を現わした文章に「我即神也の宣言文」があります。宣言文の全文は215頁をご覧ください。

注8　**大光明霊団**…神界・天上界において宇宙全体の救済、特に地球人類の次元上昇と進化向上のために、日夜尽力している霊団のこと。

注9　**人類即神也**…人類即神也とは、人間は本来、神そのものであるという真理。人類即神也の真理を表わした文章に「人類即神也の宣言文」があります。宣言文の全文は216頁をご覧ください。

注10　**「我即神也・成就・人類即神也」の唱名**…心の中で「我即神也」と唱えながら息を吸い、息を止めて「成就」と念じ、その後、心の中で「人類即神也」と唱えながら息を吐く行。

注11　**五井先生**…白光真宏会創始者・五井昌久のこと。大正五（一九一六）年、東京に生まれ、昭和二十四（一九四九）年、神我一体を経験し、覚者となった。祈りによる世界平和運動を提唱し、国内国外に共鳴者多数。また、悩める多くの人々の宗教的指導にあたるとともに白光真宏会を主宰しました。昭和五十五（一九八〇）年八月帰神（逝去）。

注12　**消えてゆく姿／消えてゆく姿で世界平和の祈り**…怒り、憎しみ、嫉妬、不安、恐怖、悲しみなどの感情想念が出てきた時に、それらは新たに生じたのではなく、自分の中にあった悪因縁の感情が、消えてゆくために現われてきたと観ることです。その際、世界平和の祈りを祈り、その祈りの持つ大光明の中で消し去る行のことを「消えてゆく姿で世界平和の祈り」といい、この行を続けると、潜在意識が浄化されてゆきます。

注13　**富士聖地**…富士山西麓の静岡県富士宮市朝霧高原にあり、白光真宏会の本部が置かれています。

注14　**果因説／果因説の場**…自分の蒔いた種（前生の因縁や今生の自分の言動行為）は必ず自分が刈り取らねばならないという因果応報の法則を因縁因果律といいますが、果因説とは、この因縁因果律を超える方法として筆者が提唱する説で、自分が望む（結）果を心に描き、心に刻むことによって、現象界にその（原）因が引き寄せられ、やがて自分が望む（結）果がもたらされるという説です。また、イギリスの生物学者ルパート・シェルドレイクによれば、自然界には電気や磁気や重力以外の、未知の力の場が存在するという。彼はそれを「形態形成場」あるいは「形の場」と呼んでいる。果因説の場とは、果因説のエネルギーが形成する場のことです。参考文献　ルパート・シェルドレイク『生命のニューサイエンス』（工作舎）

注15　**守護霊、守護神**…人類の背後にあって、常に運命の修正に尽力してくれている。各人に専属の神霊を指す。守護霊は先祖の悟った霊で、正守護霊と副守護霊がいる。正守護霊は、一人の肉体

人間に専属し、その主運を指導している。副守護霊は仕事についての指導を受け持っている。その上位にあって、各守護霊に力を添えているのが、守護神です。

注16　「Symphony of Peace Prayers～世界平和交響曲（SOPP）」…富士聖地で、2005年から毎年5月に開催されている祈りの式典。「宗教・宗派を超えて、共に世界の平和を祈る」というテーマのもと、毎年、仏教、神道、キリスト教、イスラム教、ヒンズー教、ユダヤ教……等、多様な宗教の祈りのリーダーの方々を招き、「各宗教・宗派の平和の祈り」を参加者全員が声を揃えて、唱和します。このユニバーサルな祈りは、世界中の平和愛好家に支持されています。その他にも、「世界各国の平和の祈り」や「大自然への感謝の祈り」などが行なわれるSOPPは、国境、イデオロギー、主義主張の違いを超えた、多様性を認め合う普遍的な祈りが行なわれる場として、年々定着しつつあります。

注17　宇宙憲章…『富士宣言―神聖なる精神の復活とすべての生命が一つにつながる文明へ向けて―』のこと。二〇一五年、ブダペストクラブ創設者であるアーヴィン・ラズロ博士と西園寺裕夫氏、西園寺昌美氏の三名が個人として発起人となり、ノーベル賞受賞者を含む一五〇人の設立署名人と五〇の国際的なパートナー組織により発表されました。白光真宏会はパートナー組織の一つです。詳細は『富士宣言』公式ホームページ（www.fujideclaration.org/）でご覧いただけます。

注18　神人養成課題…神人とは、神性に目覚めた人（自分も人も本質は神であると自覚し、愛そのもの、調和そのものの想念行為の出来る人、または、そうなるよう努めている人）であり、また、宇宙神の光を自らの身体に受け、地球上に放つことが出来る人です。白光真宏会には神人になるための「神人養成プロジェクト（神人養成課題）」があります。「神人養成プロジェクト（神人養成課題）」については白光真宏会のホームページ（http://www.byakko.or.jp）でもご覧いただけます。詳細は218頁をご覧ください。

世界平和の祈り

世界人類が平和でありますように
日本が平和でありますように
私達の天命が完《まっと》うされますように
守護霊様ありがとうございます
守護神様ありがとうございます

人間と真実の生き方

人間は本来、神の分霊《わけみたま》であって、業生《ごうしょう》ではなく、つねに守護霊《しゅごれい》、守護神《しゅごじん》によって守られているものである。

この世のなかのすべての苦悩は、人間の過去世《かこせ》から現在にいたる誤てる想念が、その運命と現われて消えてゆく時に起る姿である。

いかなる苦悩といえど現われれば必ず消えるものであるから、消え去るのであるという強い信念と、今からよくなるのであるという善念を起し、どんな困難のなかにあっても、自分を赦《ゆる》し人を赦し、自分を愛し人を愛す、愛と真《まこと》と赦しの言行をなしつづけてゆくとともに、守護霊、守護神への感謝の心をつねに想い、世界平和の祈りを祈りつづけてゆけば、個人も人類も真の救いを体得出来るものである。

光明思想の言葉

光明思想の言葉には、次のような言葉があります。

無限なる愛
無限なる調和
無限なる平和
無限なる光
無限なる力
無限なる英知
無限なるいのち
無限なる幸福
無限なる繁栄
無限なる富
無限なる供給
無限なる成功
無限なる能力
無限なる可能性
無限なる健康
無限なる快活
無限なるいやし

無限なる新鮮
無限なるさわやか
無限なる活力
無限なる希望
無限なる自由
無限なる創造
無限なるひろがり
無限なる大きさ
無限なる発展
無限なるエネルギー
無限なる感謝
無限なる喜び
無限なる美
無限なる若さ
無限なる善
無限なるまこと
無限なる清らか

無限なる正しさ
無限なる勝利
無限なる勇気
無限なる進歩
無限なる向上
無限なる強さ
無限なる直観
無限なる無邪気
無限なるゆるし
無限なる栄光
無限なる気高さ
無限なる威厳
無限なる恵み
無限なる輝き
無限なる包容力

我即神也《われそくかみなり》（宣言文）

私《わたくし》が語る言葉は、神そのものの言葉であり、私が発する想念は、神そのものの想念であり、私が表わす行為は、神そのものの行為である。

即ち、神の言葉、神の想念、神の行為とは、あふれ出る、無限なる愛、無限なる叡智《えいち》、無限なる歓喜、無限なる幸せ、無限なる感謝、無限なる生命《いのち》、無限なる健康、無限なる光、無限なるエネルギー、無限なるパワー、無限なる成功、無限なる供給……そのものである。それのみである。

故に、我即神也、私は神そのものを語り、念じ、行為するのである。

人が自分を見て、「吾《われ》は神を見たる」と、思わず思わせるだけの自分を磨き高め上げ、神そのものとなるのである。

私を見たものは、即ち神を見たのである。私は光り輝き、人類に、いと高き神の無限なる愛を放ちつづけるのである。

人類即神也《じんるいそくかみなり》（宣言文）

私が語ること、想うこと、表わすことは、すべて人類のことのみ。人類の幸せのみ。人類の平和のみ。人類が真理に目覚めることのみ。

故に、私個に関する一切の言葉、想念、行為に私心なし、自我なし、対立なし。すべては宇宙そのもの、光そのもの、真理そのもの、神の存在そのものなり。

地球上に生ずるいかなる天変地変、環境汚染、飢餓、病気……これらすべて「人類即神也」を顕すためのプロセスなり。

世界中で繰り広げられる戦争、民族紛争、宗教対立……これらも又すべて「人類即神也」を顕すためのプロセスなり。

故に、いかなる地球上の出来事、状況、ニュース、情報に対しても、又、人類の様々なる生き方、想念、行為に対しても、且つ又、小智才覚により神域を汚《けが》してしまっている発明発見に対してさえも、これらすべて「人類即神也」を顕すためのプロセスとして、いかなる批判、非難、評価も下さず、それらに対して何ら一切関知せず。

私は只《ただ》ひたすら人類に対して、神の無限なる愛と赦《ゆる》しと慈しみを与えつづけ、人類すべてが真理に目覚めるその時に至るまで、人類一人一人に代わって「人類即神也」の印を組みつづけるのである。

神人（しんじん）養成プロジェクト

一九九九年より「神人養成プロジェクト」が始まりました。

神人とは、真理に目覚めた人（自分も人も本質は神であると自覚し、愛そのもの、調和そのものの想念行為の出来る人、または、そうなるよう努めている人）であり、また、宇宙神の光を自らの身体に受け、地球上に放つことが出来る人です。

現在の地球は、急速に、次元が上昇しつづけ、物質文明から精神文明への過渡期にある、と言われています。宇宙神の計画では、神人が十万人に達すると、さらに強力な光を地球世界に流入させることができ、人類が真理に目覚めはじめ、やがて、この地球上に完全なる平和世界が樹立される、ということです。

このプロジェクトの目的は、神人を十万人つくることにあります。

神人養成プロジェクトに関心がおありの方は、白光真宏会伝道グループ（TEL０５４４－２９－５１０５）までお問い合わせください。

白光真宏会のホームページ（http://www.byakko.or.jp/4_method/shinjin_project.html）でもご覧いただけます。

西園寺昌美（さいおんじ まさみ）
祈りによる世界平和運動を提唱した故・五井昌久氏の後継者として、〈白光真宏会〉会長に就任。その後、非政治・非宗教のニュートラルな平和活動を推進する目的で設立された〈ワールド ピース プレヤー ソサエティ（国連NGO）〉代表として、世界平和運動を国内はもとより広く海外に展開。1990年12月、ニューヨーク国連本部総会議場で行なった世界各国の平和を祈る行事は、国際的に高い評価を得た。1999年、財団法人〈五井平和財団〉設立にともない、会長に就任。2005年５月、「Symphony of Peace Prayers〜世界平和交響曲　宗教・宗派を超えて、共に世界の平和を祈る（SOPP）」を開始。2013年２月には国連総会議場で開催された「United for a Culture of Peace Through Interfaith Harmony（国連総会議長らが主催のセレモニー）」の中で「Symphony of Peace Prayers」が行なわれた。その際、SOPP提唱者としてスピーチを行ない、多大な賛同を得た。2008年には西園寺裕夫氏（五井平和財団理事長）と共に、インド世界平和賞「哲学者　聖シュリー・ニャーネシュワラー賞2007」を受賞。2010年には「女性リーダーサミット」で第１回目の「サークルアワード」を受賞。ブダペストクラブ名誉会員。世界賢人会議（WWC）メンバー。
『明日はもっと素晴しい』『我即神也』『世界を変える言葉』『果因説〜意識の転換で未来は変わる』『日々の指針』『日々の指針２』『人生と選択』『人生と選択２』（以上、白光出版）、『あなたは世界を変えられる（共著）』『もっともっと、幸せに』『無限なる幸せ』（以上、河出書房新社）　など著書多数。

発行所案内：白光（びゃっこう）とは純潔無礙なる澄み清まった光、人間の高い境地から発する光をいう。白光真宏会出版本部は、この白光を自己のものとして働く菩薩心そのものの人間を育てるための出版物を世に送ることをその使命としている。この使命達成の一助として月刊誌『白光』を発行している。

白光真宏会出版本部ホームページ　http://www.byakkopress.ne.jp/
白光真宏会ホームページ　http://www.byakko.or.jp/

ドアは開かれた――一人一人の意識改革

平成二十七年三月二十五日　初版

著　者　西園寺　昌美
発行者　吉川　譲
発行所　白光真宏会出版本部
〒418-0102　静岡県富士宮市人穴八一二―一
電　話　〇五四四（二九）五一〇九
ＦＡＸ　〇五四四（二九）五一二二
振　替　〇〇一二〇・六・一五一三四八
東京出張所
〒101-0064　東京都千代田区猿楽町二―一―一六　下平ビル四〇一
電　話　〇三（五二八三）五七九八
ＦＡＸ　〇三（五二八三）五七九九
印刷所　株式会社　明徳印刷出版社

乱丁・落丁はお取り替えいたします。
定価はカバーに表示してあります。

ISBN978-4-89214-209-3 C0014

西園寺昌美著

果因説
――意識の転換で未来は変わる
本体一六〇〇円＋税／〒250

人生と選択
本体一六〇〇円＋税／〒250

人生と選択2
本体一五〇〇円＋税／〒250

世界を変える言葉
本体一四〇〇円＋税／〒250

今、なにを信じるか？
――固定観念からの飛翔
本体一六〇〇円＋税／〒250

我《われ》即《そく》神《かみ》也《なり》
本体一六〇〇円＋税／〒250

果因説とは、因縁因果の法則を超越し、全く新たなイメージで未来を創り上げる方法です。もう過去に把われる必要はありません。果因説を知った今この瞬間から、新しい未来が始まるのです。

二〇〇四年に各地で行なわれた講演会の法話集。自分の望む人生を築くには瞬間瞬間の選択がいかに重要であるかを分かり易く説き明かす。

一人一人は瞬々刻々、世界に大きな影響を与えている――。人々が何気なく口にする「言葉」の持つ力について明確に解説した書。

信念のエネルギーが、私たちの未来をカタチにしている。自分でも知らないうちに信じていたものを解放する―そこから運命の大転換が始まる。人間の本質に気づき、内在する無限なる働きを信じ、光明思想に自らのエネルギーを注いでゆけば、輝かしい人生を創造できると説く。

あなた自身が神であったとは、信じられないでしょう。だがしかし、それは確かに真実なのです。人類も一人残らず本来神そのものであったのです。私達は究極は神なのです。